使徒言行録を読む
聖霊に導かれて

聖書講座シリーズ 14

カトリック京都司教区聖書委員会

サンパウロ

すすめのことば

教皇フランシスコは、使徒的勧告『福音の喜び』で、聖霊とともにある福音宣教者は、聖霊の働きに対し恐れることなく自らを開くと言われます（259）。初代教会において、聖霊は聖ペトロと聖パウロ両使徒を大胆にして、キリストの福音を全世界へと広げていきました。福者パウロ六世は、使徒的勧告『福音宣教』において次のように言われました。福音宣教の主要な働き手は聖霊であり、聖霊は人々を促して福音を宣べさせ、良心の深いところで救いのことばが受け入れられ、理解されるように働きます。聖霊こそ福音化の究極の目的であり、聖霊だけが新しい世界、新しい人類を作り出すことができるのです（75）。現代のわたしたちキリスト者も、聖霊の働きを信じ、福音の新しさを大胆に宣べ伝える福音宣教者に成長していきましょう。

二〇一八年四月九日　神のお告げの祭日に

カトリック京都司教区司教　パウロ　大塚　喜直

はじめに

二〇一五年度聖書講座は使徒言行録を取り上げ、「聖霊に導かれて――使徒言行録を読む」をテーマにしました。わたしたちが唱えている「主の祈り」は、わたしたちが何によって生かされているかということを宣言する祈りです。御子イエスが、聖霊によって御父に向かい、「父よ（アッバ）」と呼ばれ、その祈りにわたしたちが寄り添い、合わせて祈るものが、「主の祈り」です。ですから「主の祈り」を唱え始めたら、三位一体の命の中に入っているということです。イエスが聖霊によって「アッバ」と呼ばれたように、わたしたちも聖霊によって御父を「アッバ」と呼べるのです。

わたしは聖霊に対して、「聖霊よ、わたしを通して語られるみことばが、聞く人の耳を開き、あなたのみことばを聞く者としてください」、「聖霊よ、みことばが聞く人の中で働き、その人にみことばを受肉させてください」と祈ります。すると、聖霊は、語る者の舌となり、みことばとなって聞く人に伝わります。同時に、聞く人の中で命のことばを育みます。この二つの出会いがあって初めて、みことばが命になります。みことばは聖霊を通して語り、聖霊はみことばを通して語られるのです。ここで言っているのは言葉ではなく、みことばです。みことばに対して、心を開き、耳を開き、舌を開いて一つになるとき、そこには、もうわたしはいません。

わたしたちは聖霊を見たことがありません。聖霊は出しゃばりではなく、おしゃべりでもありません。わたしたちが「聖霊に満たされて働いた」などと言うとき、わたしたちは聖霊を出しゃばりにし、おしゃべりにしているのではないでしょうか。聖霊は静かな、寡黙な方なのです。

聖霊は、その働きによってしかご自身を現されません。ご自分の業はなさらず、いつも御子に寄り添うものとして働かれます。聖霊は御父と御子の交わりであり、そして、わたしたちをこの三位の交わりに招く一致の霊なのです。

その聖霊との出会いで忘れてはならないのは、謙虚さです。聖霊は、人を粉々に砕いてしまい、砂漠に追いやり、そこで、自分が無力である、塵《ちり》にしかすぎないことを悟らせ、無化する霊なのです。そこにこそ聖霊の働きがあります。聖霊は人を無にし、神に出会わせるのです。聖霊は愛の霊です。人が謙虚でなければ、聖霊は人を愛で満たすことはできません。謙虚さとは、神の前に自分がありのままであることです。ですから、もし、神を見つめる目がなかったら、人は謙虚にはなれません。自分の弱さ、足りなさ、そういうものだけを見ているのであれば、それは謙虚ではないのです。

聖霊は、偶像崇拝と闘われます。偶像崇拝とは、何かの像を拝むということではありません。富、権力なども偶像になりますが、最も大きな偶像になるのは、自分の中にある聖性だと思います。それが自分の中から輝き出ていると思ったとき、それは偶像になります。自分の中にある信心、徳、功績など、そういうものが偶像になり得るということです。聖霊はそれと闘うのです。

教会の歴史を見ると、初めのうちは聖霊が働いていても、そのうち、だんだんと弱くなって、聖霊が働かなくなるときがありました。例えば、キリシタン時代に、最初は言葉も通じず、まったく違った生活や文化の中で、福音が生き生きと正しく伝わっていきましたが、だんだんと条件が整いだすと行きづまっていったのです。初代教会でも、信者が増えて、制度、組織、建物、教義が整い、充実し、巨大化していくと、聖霊もあまり働かなくなってしまったのではないかと思います。あるいは、働いてはいるが、働きが見えてこなくなったのではないでしょうか。

聖書講座では、これまでマタイ、マルコ、ルカ、ヨハネの四福音書を読むことを通して、イエス・キリストの言葉と行いに触れてきました。これら四福音書のあとに置かれている使徒言行録には、復活されたイエスと人々がどのように出会い、その教えがどのように広まっていったかが記されています。イエスと出会った人々は喜びに満たされ、今度は自分たちがイエスを証ししていきます。使徒言行録を読むことで、わたしたちも復活したイエスと出会い、福音の喜びに満たされていることを教えていただけるのではないかと思います。実はそれらのすべてが聖霊の働きなのです。

そこで今回は、使徒言行録を読むことで、福音宣教の真の主役である聖霊の働きについて考えてみたいと思いました。事実、この使徒言行録は「聖霊の福音」と呼ばれるほどです。聖霊が使徒たちの働きを通して、また聖霊が造り上げた教会を通して働かれているという、この聖霊の働きを深めることが講座の目的です。

講座全体の構図は次のようにしました。

①　キリストから十二使徒を通してパウロへ
②　聖霊降臨
③　初代教会の共同生活
④　ステファノとフィリポ（パウロの回心、エチオピア人の宦官《かんがん》、コルネリウスの回心）
⑤　ペトロの宣教
⑥　アンティオキアの教会とエルサレム使徒会議
⑦　初代教会の典礼
⑧　聖霊の働き（パウロを中心に福音が異邦の地に）
⑨　パウロと律法
⑩　パウロの宣教
⑪　パウロの受難
⑫　パウロからわたしたちへ

使徒言行録は、ルカによって書かれ、ルカ福音書の続きとして「ルカ第二の書」とも呼ばれています。使徒言行録全体は、大まかに二つの部分に分けられます。前半は12章の終わりまで、後半は13章から終わりまでです。前半では、福音がエルサレムからユダヤ、サマリアに広がり、後半では、パウロの宣教によって、福音がアンティオキアからローマ帝国の植民地を通ってローマへ広がる様子が描かれています。復活したイエスは、昇天のとき、「あなたがたの上に聖霊が降ると、あなたがたは力を受ける。そして、エルサレムばかりでなく、ユダヤとサマリアの全土で、また、地の果てに至るまで、わたしの証人となる」（使徒言行録1・8）と言われました。

また、使徒言行録は、ある意味で未完だと言えます。ルカ福音書と使徒言行録に描かれている「聖霊の働き」はエルサレム、ユダヤ、サマリアからローマへと続きますが、そこで終わらずに世界へ、そして現代のわたしたちへと続いているからです。聖霊は今、わたしたちの中にあり、命となっています。使徒言行録の「使徒たちの宣教」は、ペトロとパウロの働き、あるいは使徒たちの働きとも考えられますが、本当の宣教の主役は、使徒たちではなく、聖霊です。

使徒言行録の前半部分には、聖霊という言葉が頻繁に出てきます。しかし、15章のエルサレム使徒会議の後に、その言葉が非常に少なくなります。パウロが聖霊によって動いたということは確かに書いてありますが、聖霊という言葉はあまり出てこなくなります。これがどういうことかと考えると、あちらこちらに教会が設立され、共同体が生まれ、組織が出来上がり、教義もしっかりしてくると、聖霊は働いておられるのですが、人々が聖霊に依り頼まなくなったのでしょう。わたしたちにおいても、聖霊の働きを自分たちがしたことだと思ってしまうことがあるかもしれません。また、自分たちのやりたいことを聖霊の導きだと言ってしまうことがあるかもしれません。

使徒言行録の前半部分は、ペトロが中心になって描かれていますが、12章になると、ペトロが消えてしまい、そしてパウロが出てきます。キリストから使徒を通して福音が伝わり、エルサレム使徒会議が転機となって、パウロからわたしたちへと続きます。二千年前に起こった出来事で終わらないということです。後半は、パウロの宣教、受難と続きます。パウロの受難をテーマにしたのは、パウロとキリストの生き方がよく似ているからです。イエス・キリストが受難と十字架をもって神のみ業を成し遂げられたということを重ねて、このように企画しました。

復活したイエスは弟子たちに、「全世界に行って、すべての造られたものに福音を宣べ伝えなさい」（マルコ16・15）、「わたしは世の終わりまで、いつもあなたがたと共にいる」（マタイ28・20）と言われました。これが大切なことであり、今回の聖書講座を通してのテーマでもあります。使徒言行録において、福音宣教はエルサレムから始まって、異邦人へ、世界へとつながっていくのです。パウロはよく異邦人の使徒と呼ばれます。ところが、パウロだけが異邦人の使徒ではありません。異邦人への宣教は、もうすでにステファノやそれ以前から始まっています。そのことを心に留めていただきたいと思います。

使徒言行録全体について見てみると、主にペトロとパウロが出てきます。前半にペトロが登場し、12章以降ペトロは去っていきます。最後の28章でパウロも去っていきます。その後の二人のことは書かれていません。ここでわたしたちは何を読み取るべきなのでしょうか。聖霊は、いつもわたしたちに働きかけ、陰からわたしたちを支えてくださる方です。そのことをこの講座で見ていきたいと思います。

京都司教区聖書委員会
京都司教区司祭　村上　透磨

目　次

すすめのことば……京都司教区司教　大塚喜直――3
はじめに……京都司教区司祭　村上透磨――5

ペトロの宣教

……カルメル修道会　中川博道――17
はじめに／ペトロとわたしたち／エルサレムから世界へ／異邦人への宣教を開始するペトロ／「岩」としてのペトロの上に建てられているわたしたち「教会」／ペトロが福音を告げる者となる原点／おわりに

聖霊の働き

マリスト会司祭　一場　修……51

はじめに／過去における外的な聖霊の働き／今、わたしたちの中で働いている聖霊／今日の教会へのメッセージ

パウロと律法

神言修道会司祭　西　経一……85

はじめに／「天の国」のたとえ／イエス・キリストの誠実によって救われる／自分の弱さを見つめる／弱さを恵みとして

パウロの宣教

京都司教区司祭　北村善朗……111

パウロの宣教活動の準備／第一回宣教旅行／第二回宣教旅行に先立って――エルサレム使徒会議／第二回宣教旅行の

始まり――バルナバとの決別／バルナバとの決別の意味／第二回宣教旅行における困難／聖霊に導かれて――パウロの最後の旅

パウロの受難……聖パウロ修道会司祭　鈴木信一――145
『使徒言行録』におけるパウロ／『使徒言行録』におけるパウロ（サウロ）の登場箇所／ルカの「受難」理解（ルカの視点とパウロの視点）／『使徒言行録』における「パウロの受難」／「パウロ書簡」における「パウロの受難」／パウロの境地／まとめ

パウロからわたしたちへ……聖パウロ修道会司祭　澤田豊成――185

ペトロの宣教

カルメル修道会　中川　博道

はじめに

今日は、今年のプログラム「聖霊に導かれて——使徒言行録を読む」の中の「ペトロの宣教」について、皆さんとご一緒に見ていきたいと思います。

皆さんは、「ペトロ」と聞きますと、まずどのような姿を思い浮かべるでしょうか。ペトロは明確な性格ですから、福音書を読んでいる人にとっては印象深い存在であると思います。弟子たちの中で、最も生き生きとしたイエスとのやり取りをしているのはペトロです。善良な人、愛すべき性格の人として、ペトロは私たちの中で受け止められているように思います。

ペトロは、折につけてわたし自身の人生を照らしてくれる存在でもあります。五年前、叙階二十五周年記念に、カードを作りました。そこに選んだ言葉はヨハネ福音書21章の「あなたは、若いときは、自分で帯を締めて、行きたいところへ行っていた。しかし、年をとると、両手を伸ばして、他の人に帯を締められ、行きたくないところへ連れて行かれる」(21・18)でした。このみことばが叙階二十五周年を前にしてわたしに響きました。

また、叙階の恵みをいただいた時に記念のカードに選んだみことばも、ヨハネ福音書21章15節から17節の箇所からでした。ペトロは官邸の庭で、イエスを三度否みました。その後、復活したイエスはペトロに三度、「ヨハネの子シモン、わたしを愛しているか」と問いかけます。三度も同じように尋ねられて、ペトロは悲しくなったと書かれています。官邸の庭で、イエスを目の前にして、「あの人は知らない。弟子ではない」と言ってしまった後悔があったでしょう。イエスは、そのようなペトロに、ご自分の教会を委ねるのに際して、ただ彼の愛だけを確かめるのです。わたしは叙階式を間近にした時、紆余曲折を経ながらも、主に招かれていることの中心に何があるのかを思いめぐらしていました。司祭となることは、わたしにとって、イエスの招きに応える以外の意味はなく、そんな自分に問われていることはただ、主の愛に愛をもって応えることであることを思いました。そして、主イエスから自分に問われていることは「あなたはわたしを愛しているか」(ヨハネ21・17)に尽きると思い、この言葉を選びました。

さらに遡ると、叙階の数年前、終生誓願を宣立した時に、やはりペトロに関する主の言葉をヨハネの21章から選んでいました。イエスに、「わたしに従いなさい」と言われて、その後について行ったペトロが振り向くと、「イエスの愛しておられた弟子がついて来るのが見え」(21・20)ました。その時、ペトロはイエスに「この人はどうなるのでしょうか」と尋ねます。イエスとのかかわりを生きていくうえで、共に生きている人々がイエスとどうかかわっているのかが時々気になるものです。わたしも修道院に入ってさまざまなことを経験し、「あの人はどうなのですか」「この人はどうなのですか」と詮索し、傷ついたりもしていました。しかし、イエスは、他の人がご自分とどうかかわろうと、「あなたに何の関係があるか。あなたは、わたしに従いなさい」と言われました。それでこの「あなたは、わたしに従いなさい」（ヨハネ21・21）を選びました。

今回、こうして自分の歩みを振り返りますと、ペトロに対するイエスの言葉が自分に向けられていたものとしてあらためて響いてきます。そして、ペトロをどう捉えるかは、自分と主との生き方に深く関係していると思っています。

ペトロとわたしたち

イエスは、ペトロに「あなたはペトロ。わたしはこの岩の上にわたしの教会を建てる」（マタイ16・18）と断言なさいました。わたしたちは、このペトロという「岩」の上に建てられた教会として集まっています。「教会」とは、「イエス・キリストに呼び集められた人々の集まり」を意味するギリシャ語「エクレシア」の訳語です。わたしたちはイエスに呼ばれ、ペトロという土台の上に集められているというアイデンティティーを持っています。ペトロは、わたしたち教会・キリスト者を生きていくうえで、絶えず立ち返っていく基盤のような存在と言えます。

ペトロは新約聖書の中で、弟子たちの中心的な存在として認められていました。また、ペトロもそう自覚していたでしょう。教会はそれに基づいて、この二千年間、ペトロの後継者を立て、現在、二六六代目の教皇フランシスコが土台になって動いています。この集まりは、人類史上、一番多くの人々が参加し、一番長く続いているシステムです。

現在、カトリック教会の総人口は十二億（二〇一五年五月現在）を超えています。世界人口が七十二億六千万ぐらいですから、世界人口の約六分の一強がカトリック信者です。これは、毎年、洗礼台帳を基に各教区で集め、それをローマ教皇庁が集計している世界全体の総数ですからとても厳密です。また、カトリック教会は世界で大きな影響力をもっています。最近、ある本で、「西欧史とは突き詰めていえば、『蒐集《しゅうしゅう》』の歴史です。『蒐集』の対象は物質的なものと霊魂です。前者を『蒐集』するのが資本主義で、後者を『蒐集』するのがキリスト教です」（榊原英資・水野和夫共著『資本主義の終焉、その先の世界』（詩想社新書二〇一五年）18頁）という言葉に出会いました。そしてその本の中で、フランシスコ教皇について、世界で「権力は持たないが権威ある存在」と称されていました。ペトロという人は、そんなふうに現代世界にも影響を与える存在ともなっています。

このカトリック教会は五十年余り前に、第二バチカン公会議において、現代世界を次のように分析しました。

「今日、人類はその歴史の新しい時代に入っており、深刻かつ急激な変化が次第に全世界に広まりつつある。人間の知性と創造力によって誘発されるこれらの変化は、人間自身の上に、その個人的・集団的判断と欲求の上に、また、物事と人間に関する考え方と行動のしかたに跳ね返ってくる。こうして、すでに宗教生活にも及んでいる真の社会的・文化的変革について語ることができる。……要するに、人類はより静的世界観からより動的・進化的世界観へと移行している。そこから、非常に大きな新たな諸問題が生じ、それらは新たな分析と総合とを要求している」（現代世界憲章4、5）。

現在、わたしたちが日常生活の中で、日々実感するような変動や混乱を、教会はすでに五十年前に明確に告げていたことに驚きます。そして、新たな世界への積極的な働きかけを始めました。その後、多くの教会公文書をもって教会内外にこの人類の難局をどう乗り越えていくべきかを語りかけ続けてきました。そんなに簡単に読みこなせるものではありませんが、教皇の書かれる回勅や使徒的勧告は、学問的かつ科学的な分析を踏まえた現代世界へのメッセージとして、これからの人類の先行きを模索するための重要な指針となっています。教皇は、世界の隅々に広がるカトリック教会の十二億の民や、世界のあらゆる分野から上がってくるさまざまな情報をもとにして世界を見ておられます。ペトロを土台とする教会はこうしたあらゆる情報をもとに、人間の本質的な渇きや叫びに耳を傾け、神のみ旨を探し求めながら世界と共に歩んできたと言えます。その歴史の中心に、いつもペトロの後継者がいます。特に聖人の教皇たちの時代と言われる現代の教会は目覚めています。

長い伝統、そしてさまざまな教義を抱えて歩み続けてきた教会は、この大変動期と言ってよい時代の不安が募りがちな世界の動きに対して次のように言います。

日々使徒的任務を遂行するにあたって、「たびたびわたしたちの耳に届いて不愉快に思うことがあります。それは、信仰の熱意を燃やしつつも公平な判断と賢明な思慮を欠いた人々の声です。この人々は、人類社会の現状を見ては破壊と災難しか見ることができず、過ぎ去った世紀と比べて現代はただただ悪いほうに向かってしまったと繰り返し言い続けます。……あたかも、世の終わりが近づいたかのように、つねに災いしか予告しない不運の預言者にわたしは絶対に賛成できません（教皇ヨハネ二十三世「第二バチカン公会議開会演説」）。人類の歴史と社会秩序が新しい時代に突入しようとしているときにも、むしろはかりしれない神の摂理を認めるべきでしょう」（教皇フランシスコ『福音の喜び』84）。そして、この呼びかけは、二〇一五年の聖霊降臨祭に教皇フランシスコが発表した回勅『ラウダート・シ』において、「わたしたちは後に続く人々、今成長しつつある子供たちのために、どのような世界を残そうと望んでいるのでしょうか」（160）とさらに呼びかけられ、教皇は、世の中の動きにかかわる普遍的な兄弟愛（228参照）と「愛の文明」「ケアの文化」（231）を人類に提唱しています。

ペトロに土台を置かれ、二〇〇〇年近い歴史を刻んできた教会は現在このように世界にかかわりながら、イエスと共に、天の父である神におけるすべての兄弟姉妹と共に生きています。

エルサレムから世界へ

二六六代に渡って受け継がれてきた土台ペトロと共に歩んできた教会の歩みの発端が、使徒言行録1章から15章までで描かれています。ペトロは、15章以降は登場しません。この15章までの中で、ルカ福音書の延長として、イエスと出会った十二使徒たちが、エルサレムを拠点にして集まりペトロを中心に教会が発展していく様子が描かれています。エルサレムを中心に発展していった教会が、さらに15章のエルサレム会議から、世界に開かれ、異邦人に向けて福音が宣べ伝えられていきます。その中でペトロは、決定的な役割を果たすことになります。

エルサレムを中心にした宣教では、ペトロは十二人目の使徒マティアの選出の時に座長の役割を務め、2章の聖霊降臨の時に、使徒たちを代表してイエスの死と復活、聖霊降臨の意味を解き明かし、集まった人々の中から三千人ほどに洗礼を授けていきます。その後、教会が発展していくプロセスの中で主導者と目されていたペトロとヨハネは捕らえられ、取り調べに対して弁明（4・1―22）します。あるいは教会で問題が起こった時に裁定を下し（5・1―11）、エルサレムから離れ、地方を巡回しながら宣教していく姿も描かれています（8・14―17、9・32―43）。

ここには福音書の中では読み取れなかった、穏やかで確信に満ち、率直なペトロの姿がとても印象的に描かれています。どんな困難に遭っても、イエスに出会い、死と復活に立ち会った証人として立ち続けます。迫害者たちの尋問にあっても、「神に従わないであなたがたに従うことが、神の前に正しいかどうか、考えてください」（使徒言行録4・19）と、イエスを救い主として宣言し続けるペトロの姿があります。

異邦人への宣教を開始するペトロ

さらに、ペトロが描かれている後半部分の中で、10章は教会の新たな広がりの段階へと入っていく章となっています。ペトロを通して、ユダヤ人以外の異邦人にも救いが開かれていることが明らかにされていきます。ここには、神からの周到な準備があります。まずローマ人の百人隊長コルネリウスに天使が現れ、「ペトロを招きなさい」というお告げがあります（10・3―8）。そして、コルネリウスがペトロを連れてくるように人を送った間に、ペトロ自身が神からの幻によって準備されていきます。ペトロは天が開き、大きな布のような入れ物が、四隅でつるされて、地上に下りて来るのを見ます。その中には、あらゆる獣、地を這うもの、空の鳥が入っていて、「ペトロよ、身を起こし、屠って食べなさい」と言う声を聴きます。ペトロは言いました。

「主よ。とんでもないことです。清くない物、汚れた物は何一つ食べたことがありません。」すると、また声が聞こえてきた。「神が清めた物を、清くないなどと、あなたは言ってはならない。」
（使徒言行録10章14―15節）

こういうことが三度ありました。「三度」とは、明らかに強調の意味をもっています。ペトロは、それまでアブラハムから始まって二千年続いてきたユダヤ民族の一員として、律法を守り、何一つ汚れた物を口にしたことがない生き方をしてきた人です。ユダヤ人が異邦人と交際したり食事を共にしたりするなどあり得ないこととして、長い間生きてきました。すなわち、ユダヤ人以外は皆、汚れた存在だと受け止めてきたのです。このように捉えていたペトロは、神から直接準備されながら、教会を新しい次元へと導いていくことになります。そこにコルネリウスが送った人たちが到着します。そして、驚きながらも、ペトロは彼らを受け入れ、彼らの招きに従ってコルネリウスに出会いにいくことになります。

ペトロが来ると、コルネリウスは迎えに出て、足もとにひれ伏して拝んだ。ペトロは彼を起こして言った。「お立ちください。わたしも、ただの人間です。」

（使徒言行録10章25―26節）

この後に、重要なことがあります。ペトロはこう言いました。

「あなたがたもご存じのとおり、ユダヤ人が外国人と交際したり、外国人を訪問したりすることは、律法で禁じられています。けれども、神はわたしに、どんな人をも清くない者とか、汚れている者とか言ってはならないと、お示しになりました。」
（使徒言行録10章28節）

ここで注意したいのは、「どんな人をも清くない者とか、汚れている者とか言ってはならない」と神がペトロに言われたことです。「どんな人をも」です。この言葉に触れた時、自分はこの言葉を具体的にどのように受け止めてきたかを思いめぐらすことになりました。公会議後間もない時期に信仰をいただいて、新旧の思いが交錯していた教会の中で生き始めた頃、所属していた教会の雰囲気の中に、暗黙のように、「洗礼を受けていない人、異教徒は清くない」と言ったニュアンスの雰囲気がどこかあったように思います。これは、地方の一教会の問題だけではなく、カトリック教会が、第二バチカン公会議に至る、護教的な歴史の中で培われてきた教会内の雰囲気であったと思います。しかし、すでに二千年前、教会の黎明期《れいめい》にペトロに告げられていたことは、「どんな人をも清くないと言ってはならない、汚れている者と言ってはならない」ということでした。二千年前に教会が受け取った言葉も、時代の流れの中でゆがめられ、その真実の意味を受け止めきれない限界状況を教会は抱えて生きてきたところがあります。しかし、こうした傾向は、自分自身の中にもあるように思います。自分がイメージどおりに順調に生きていると思われるときは、神と一緒にいる存在として「清い」ような気がしていますが、自分が弱さに陥ったり、罪を犯したりすると、自分は神から見捨てられ、どこかに放り出されているような「汚れた」イメージを自分に対して抱きがちです。そして、ゆがんだ自己認識に陥ってしまいます。このように、個人的なものの感じ方は、全体にも反映しがちです。教会のものの感じ方は個人的な人間の傾向にも大きく左右されることが、実感として伝わってきます。ですから、教会全体の回心への歩みは、一人ひとりの回心と切り離せないのです。「ペトロ」という存在は、そうしたことを考慮すると、人間の普遍的な次元としての人間の弱さや問題性ともつながっているのだと思います。

「どんな人をも清くない者とか、汚れている者とか言ってはならない」という言葉を心から納得できるようになったのは、十字架の聖ヨハネの「どんな人の心の中にも、たとえ、この世における最悪の罪人であっても、神はその中に実際にましまし、その力となっておられるということである。こうした一致がなければ、それらのものは、たちまち無に帰してしまうことである」（十字架の聖ヨハネ『カルメル山登攀』第二部五章3）と言った教えに出会ってのことです。またアビラの聖テレジアが、大罪を犯した人について「ここで注意しなければならないのは、この泉、あるいは、霊魂の中心にあるあのきらめく太陽は、少しも輝きや美しさを失わないということです」（『霊魂の城』第一の住居二章1、3、4）」と言います。神が共にいると言っても、皆、その在り方はそれぞれです。しかし、どんな人も、神が共におられる存在であり、神から愛されている者として、どの人をも清くないとか汚れていると言ってはいけないと言えるのです。宗教に関係なく、またどんな人生を送ってきた人であろうとです。ペトロはこういうメッセージを受けて、エルサレムの会議に臨みました。そして、福音が世界中の人に向かって開かれているもの、どんな人にも伝えられるべきものとして、宣言したのです。教会はここから、二千年の歩みをしてきました。どんな人にも開かれているというメッセージをいつでも根底に携え、ここまで来たのです。

「岩」としてのペトロの上に建てられているわたしたち「教会」

ところで、冒頭で見ましたように、わたしたちはペトロという「岩」の上に建てられている教会として生きています。あらためて、皆さんはペトロにどういうイメージをお持ちでしょう。官邸の庭で、イエスを裏切ったペトロ。一度はつまずいたけれども、復活したイエスに再び出会って、回心した後は順調に歩み、立派に信仰を守り抜いて、教会の揺るぎない土台となったというイメージを、わたしたちは持っているように思うのです。

ある時、わたしはこのペトロのイメージを根本から見直すこととなった研究論文に出会いました。それは、ホセ・ゴンザレス・ファウスの『ペトロの誘惑』（神学ダイジェスト68号）です。ここから、いただいたペトロについての理解からペトロを思いめぐらしていきたいと思います。

その記事の最初に、ラッツィンガー枢機卿（後の「ベネディクト十六世」）の文章が引用されています。

「わたしたちは独断的な考えにしばしば陥り、神の恵みによってではなく、自分の力で勝利を得ようと夢を見る。このような態度でペトロを見るならば、自分の都合のよいようにペトロを解釈してしまう。復活を体験する前のペトロはイエスを拒否し、聖霊降臨後のペトロは岩であった、という妙に理想化されたイメージで、わたしたちはペトロを見ている。しかし、実は、ペトロにはいつも両方の要素がある。復活を体験する前のペトロも、人々の背信の真っただ中で、信仰を保った。しかし、聖霊降臨後のペトロも、ユダヤ人を恐れて、キリスト者の自由を否定している。ペトロは常にイエスへの信頼において揺るぎない岩の側面と、イエスにつまずき、自分の思いどおりに生きようとする二つの面がつきまとっている。ペトロの後継者たちが、Petra（岩）であると同時に、つまずきであったということは、全教会史を通して常に見られることではなかろうか。」

著者はこの文章から出発して、ペトロが聖書の中で実際にどのように伝えられているかを分析しています。

まず、官邸の庭でイエスを裏切ったとされるペトロ。ペトロがもっていた神観は、神は必ず勝利するお方でした。そのような神からのメシアとして信じたイエスが、逮捕され拷問や尋問を受けるのを見て、ペトロの中でイエスの救い主としての信仰が崩れていきました。そうして、ペトロがわけが分からなくなって混乱し、イエスを「知らない」と言ったことは、人間的なひとつの弱さのようなもので、大きなつまずきとして取り上げるべきではないのではないかと、この著者は観ています。

むしろ、この著者が問題にしているのは、イエスが「あなたはペトロ。わたしはこの岩の上にわたしの教会を建てる」（マタイ16・18）と言って、ペトロに天国の鍵まで渡したその直後のことです。ペトロは頑張ってきたかいがあったと思ったことでしょう。そもそも、弟子たちの間で「誰がいちばん偉いのか」という議論はよく湧き起こっていました。ヨハネとヤコブの母が、「王座にお着きになるとき、この二人の息子が、一人はあなたの右に、もう一人は左に座れるとおっしゃってださい」（同20・21）と願ったときに、イエスは「あなたがたは、自分が何を願っているか、分かっていない」（同20・22）と答えて、むしろ「あなたがたの中で偉くなりたい者は、皆に仕える者になり、いちばん上になりたい者は、皆の僕になりなさい。人の子が、仕えられるためではなく仕えるために、また、多くの人の身代金として自分の命を献げるために来たのと同じように」（マタイ20・26―28）と明言します。

最後の晩餐の席上でも、「自分たちのうちでだれがいちばん偉いだろうか、という議論も起こった」（ルカ22・24）とあります。彼らの中では、権力を握って自分たちの思いどおりにできる地位に着くということが、彼らの救い、キリストの弟子になるというイメージだったと思います。ペトロはイエスから、「この岩の上に教会を建てよう」と言われた時、自分たちが思い描いていた地位を得たと思ったことでしょう。しかし、このすぐ後で、イエスは、救い主であるご自分の歩みがどのようなものであるかを明言します。「エルサレムに行って、長老、祭司長、律法学者たちから多くの苦しみを受けて殺され、三日目に復活する」（マタイ16・21）。救い主はそういう道をたどっていくと、イエスは宣言します。これは、ペトロの耳を疑わせるものでした。

これはペトロの計画にはまったくないものだったと思います。その時、「ペトロはイエスをわきへお連れして、いさめ始めた」（同16・22）とあります。「何をおっしゃるのですか。わたしたちの王国はそんなものではないはずです。そんなことがあるはずはない」という思いが伝わってきます。イエスをいさめたと書かれているように、まるでペトロの方が神の国について、救い主の歩みについて知っていると言わんばかりです。この時に、イエスの発言の中で最もきつい言葉、「サタン、引き下がれ。あなたはわたしの邪魔をする者。神のことを思わず、人間のことを思っている」（同16・23）とイエスに言われることになるのです。

この後、ペトロがどう答えたのか、どのように振る舞ったのかは記されていません。きっとペトロは戸惑ったことでしょう。教会の頭とイエスに認められ、責任感いっぱいでこの教会を盛り立てていこうと、先生にアドバイスをしたはずなのに、これでうまくいくと思ったのに……。この強いイエスの言葉に、もしかしたらせっかくいただいた地位を失ったかもしれないと思ったかもしれません。

その数日後、イエスはペトロとヨハネとヤコブを連れてタボル山に登ります。

そこでペトロは、イエスの変容に立ち会うことになります。その感動的な場面において、ペトロは、「主よ、わたしたちがここにいるのは、すばらしいことです。お望みでしたら、わたしがここに仮小屋を三つ建てましょう。一つはあなたのため、一つはモーセのため、もう一つはエリヤのためです」(同17・4)。ずっとここにとどまっていたい、これが私の求めていたものだ、というペトロの思いが伝わってきます。

しかし、そこにとどまり続けるはずもなく、また、降りて行くのです。人々の中に入っていくのです。イエスが、十字架につけられ、そして復活するこの世界に降りていくのです。この道を歩む以外にないのだというところに、イエスはペトロをまた引き戻していきます。ペトロは沈黙しています。しかし、実際に、イエスが捕らえられ、イエスが予告していたとおりの神の救いの計画の道を歩み始めた時、ペトロがどう動いたかを共観福音書は、その名を口にするのははばかられるかのように名前を出していませんが、ヨハネ福音書だけははっきり名前を出し、こう記述しています。

シモン・ペトロは剣を持っていたので、それを抜いて大祭司の手下に打ってかかり、その右の耳を切り落とした。手下の名はマルコスであった。イエスはペトロに言われた。「剣をさやに納めなさい。父がお与えになった杯は、飲むべきではないか。」

（ヨハネ18章10―11節）

父の計画に従ってイエスが歩み始めたとき、以前その道を行くことをイエスに対していさめたペトロは、ここでいわば実力行使で、自分の考えているとおり、イエスが歩むべき道を阻止します。イエスはペトロに言います。「父が示す杯は飲むべきものだ。それを妨げてはいけない」。その時、ペトロはおそらくわけが分からなくなったのでしょう、結局、逃げだしてしまうのです。ペトロは「サタン、引き下がれ」と怒られて一応黙りましたが、ずっと自分の考えから抜け出ることができなかったのだと思います。「イエスが捕らえられるなどということはあり得ない、私が何とかする。私がイエスの教会を何とかうまく軌道に乗せる」と、そのように自分が中心になって、自分がイエスを救う存在であるかのような、教会の主人のように心の隅では振る舞っていたところがあったと思います。

最後の晩餐の席上でイエスがペトロの足を洗おうとした時に、ペトロが、「わたしの足など、決して洗わないでください」と言った時、イエスは、「もしわたしがあなたを洗わないなら、あなたはわたしと何のかかわりもないことになる」(ヨハネ13・8)と言われました。するとペトロは慌てて足だけでなく、手も頭も洗ってくださるように願いましたが、結局のところ、赦され、清められ、自分に仕えてくださる神の現実を受け入れることができないペトロの姿があらわになります。

自分に奉仕してくださる神を受け入れないという誘惑に陥ることは、支配する者になっていく誘惑に陥ることです。ペトロは、ここで自分の前に身をかがめ、汚れた足を洗い清め癒やしてくださるイエスを拒否しようとしたのです。イエスから、「何のかかわりもなくなる」と言われ、わけが分からないまま慌てて、「頭も、顔も全部洗ってください」という反応になったのでしょうが、その時のペトロには仕え奉仕する神の本質は、まだ理解できていなかったのだと思います。今、ここで、私たちの前に、イエスが見える形で現れるとしたら、私たち一人ひとりの前にひざまずいて、私たちの足を洗ってくださることでしょう。それが、イエスと私たちの根本的なかかわりです。

　このことを本当に受け入れなければ、わたしたちは人を支配し、自分の意のままに人を操ろうとするようなことになりかねません。一つ間違えると、自分は仕えられる者となって、人を裁き、人を汚れた者として断罪するような存在に陥ってしまう誘惑に身をさらすことになります。わたしたちの足元に身をかがめ、どこまでも赦し、自らが汚れたものとなりながらわたしたちを清め、わたしたちに仕えるイエスがおられます。わたしたちはそのようなお方の前に、ペトロと共にいるのです。

　オリーブ山へ出かけた時、イエスは「今夜、あなたがたは皆わたしにつまずく」（マタイ26・31）と言います。ペトロは、「たとえ、みんながあなたにつまずいても、わたしは決してつまずきません」（同26・33）と断言します。そこには、自分をよきものと信じるペトロがいます。自信に満ちあふれた姿があります。わたしは正しい者、わたしはつまずかない者、力のある者、裏切らない者、卑怯《ひきょう》ではない者、そういうわたしであるからこそ神から認められているという自負が漂ってきます。しかし、イエスは彼に対して、「シモン、シモン、サタンはあなたがたを、小麦のようにふるいにかけることを神に願って聞き入れられた。しかし、わたしはあなたのために、信仰が無くならないように祈った。だから、あなたは立ち直ったら、兄弟たちを力づけてやりなさい」(ルカ22・31―32)という言葉を残していきます。その時のペトロには理解できませんでした。それはその時の彼の限界であったと思います。

さらにイエスが復活した後も、ペトロは、「わたしの羊を飼いなさい」(ヨハネ21・17)とイエスから教会を託された者としての自負心を持ちながら、イエスの後につき従い始めました。その時、後ろからついてきたイエスの愛する弟子の姿を見て、「主よ、この人はどうなるのでしょうか」(同21・21)と尋ねました。ある聖書学者の解釈によれば、ペトロは、自分に教会の責任を任された以上、この人とイエスとの関係についても自分が把握しておく必要がある、一応わたしを通してほしいと言わんばかりに、「この人はどうなるのですか」とイエスに問い詰めている、と言います。ここには、自分が管理者として、個人的な神との関係にまで介入して、神と人の世界までも自分の意のままに管理したいペトロが描かれています。

最後に、困難が生じた時に神の望む改革を行わないという誘惑についてです。

ガラテヤの信徒への手紙2章においてパウロが明確に伝えるところによると、ペトロは、アンティオキアの共同体の中にいた時に、異邦人と一緒に食事をしていました。ところが、ユダヤ教からの改宗者で、まだユダヤ教の食事の規定にこだわりをもっている人々がエルサレムから来た時、その人たちのことを恐れて、徐々に異邦人と距離を置くようになりました。ペトロ自身が使徒言行録10章で、神が造られたものはすべて清いものであること、また「どんな人をも清くない者とか、汚れている者とか言ってはならないと、お示しにな」（10・28）るという指導を直接受けていたにもかかわらず、人を恐れてしり込みし、本質的な教会としての在り方から身を引こうとしたのです（ガラテヤ2・12）。パウロは、その時激怒しました。パウロ自身はペトロの地位を認めていました。自分が回心したときに、エルサレムまでペトロに挨拶に行ったのですから、彼が教会の頭と目されていることは分かっています。だからこそ、パウロはペトロに対して、強くそれを非難します。このペトロの在り方は教会の中での一つの落とし穴のようなもので、教会の救いの裏切りであり、信仰の試練でした。

こうした聖書の記事の中に、ペトロの実像が浮かび出てきます。このように見ていく時、ペトロは、主イエスの復活後の教会で、いつも模範生だったわけではないことが明らかになります。ペトロの実像は生涯、自分を中心にし、自分の意のままに動かしたい誘惑、自分の立場を守って自分の計画どおりに事を動かしたい思いに陥りやすい人間の弱さをもっていた姿があります。しかし、それと同時に、そこを何度も何度も回心してイエスに立ち返って行く人として生き抜いていく姿が現れてきます。

ペトロが福音を告げる者となる原点

ペトロの宣教の原点とは何かを考えてみましょう。それは、再び、イエスが、ご受難の前の最期の晩餐にペトロに告げた言葉にまでさかのぼります。

「シモン、シモン、サタンはあなたがたを、小麦のようにふるいにかけることを神に願って聞き入れられた。しかし、わたしはあなたのために、信仰が無くならないように祈った。だから、あなたは立ち直ったら、兄弟たちを力づけてやりなさい。」するとシモンは、「主よ、御一緒になら、牢に入っても死んでもよいと覚悟しております」と言った。イエスは言われた。「ペトロ、言っておくが、あなたは今日、鶏が鳴くまでに、三度わたしを知らないと言うだろう。」

（ルカ22章31―34節）

このように、「主よ、御一緒になら、牢に入っても死んでもよいと覚悟しております」、「たとえ、みんながあなたにつまずいても、わたしは決してつまずきません」（マタイ26・33）と豪語したペトロは、自分こそがイエスを救わなければならないと、なかば思っていたように見えます。そのペトロ自身は、イエスがいよいよ予告どおり、祭司長、律法学者たちから排斥され、殺されて行く道を歩み始めた時、その主をご自身の前で三度否むことになります。

一時間ほどたつと、また別の人が、「確かにこの人も一緒だった。ガリラヤの者だから」と言い張った。だが、ペトロは、「あなたの言うことは分からない」と言った。まだこう言い終わらないうちに、突然鶏が鳴いた。主は振り向いてペトロを見つめられた。ペトロは、「今日、鶏が鳴く前に、あなたは三度わたしを知らないと言うだろう」と言われた主の言葉を思い出した。そして外に出て、激しく泣いた。

（ルカ22章59—62節）

こうして、ペトロが主の前で、主を裏切ってしまった直後、イエスのまなざしに出会うことになりました。そして、ペトロは外に出て泣きました。

この場面について、カルロ・マリア・マルティーニ枢機卿が『宣教者をそだてるイエス』の中で次のように書いています。

「イエスのまなざしは告発するまなざしでも、戒めるものでもありませんでした。ただ、ひとえにあわれみと愛のまなざしでした。ペトロ、私はそのようなおまえを慈しむ。私は、おまえがそういう者であることを知っていた。そう知りながら愛していたのだ」と。そして、「ここに至ってペトロはついに、福音が何であるかを悟りました。罪びとである人間のための救いとしての福音を悟り、神の本質を直感するのです。神はよりよいことをするようにと人間を刺激するかたでも、人類の倫理的な改革者でもありません。神はまず第一に、際限もなく制限もなく自己をさし出す愛、決して断罪せず、告発せず、しかりもしない純粋に無償の愛です」(156頁)。

こうして「福音であるイエス」を知ったペトロにとって、「兄弟たちを励ます」とは、もはや自分が模範生として、高みから優越感をもって「わたしは頑張ってやってきました。だから、あなたたちも頑張りなさい」とか、「わたしは最後まで裏切らなかった。だからわたしがとりなしてあげよう」という励ましではありません。ペトロの励ましは、「わたしはあんなにも偉そうなことを言って、自分を特別な人間のように思いあがり、それ故に神から認められていると思いあがってきたけれど、実際は、目の前で、三度も主であるあのお方を裏切るようなことをやってしまった人間だ。しかし、あの方は、こうして裏切ってしまうようなわたしを知っていて選んでくれ、裏切ってしまったわたしをも赦して、受け止め、わたしを遣わして、共に生きようとしてくださる。このようなお方のもとに立ち返ろう。あの方のもとへ人々を導こう」。これが、彼の宣教の原点であったと思います。その時、ペトロは初めて、「あなたはどんな人も清くない者とか、汚れている者と言ってはならない」という意味を知ったのだと思います。それは、まず自分自身が憐れまれ、赦され、慈しまれていることの自覚から出発する、どこまでも慈しみ深く、憐れみ深い神の本質に立ち戻って、その福音を携えて歩みだす宣教の原点でした。

わたしたちが寄って立つペトロという岩の上に建てられている教会の宣教の原点は、どんな時でもわたしを決して見捨てない、どんなわたしをも汚れた者として切り捨てない、どんなことがあっても赦し、受け止め、愛し、仕えて生かし、わたしたちにかかわり続けてくださる方が、わたしたちの人生の根底を支えてくださることです。そして、そのことを告げ知らせていくことであると思います。この主への揺るぎない信頼が、ペトロが岩となったことの意味だと思います。二千年の教会の歩みは、いつもこのペトロの信仰の上に立つときに、真に福音を携えているものとして歩み続けることができたのだと思います。

おわりに

「ペトロの宣教」の原点は、このように、自分を決して見捨てないイエスの赦しの愛、憐れみの愛でした。このイエスに出会った者として、何度もつまずきながら、それでも赦しを生きてくださるイエスへの信頼に立ち戻って行くところにペトロの福音がありました。

教皇フランシスコが、『福音の喜び』の冒頭で、「イエスはわたしたちに、七の七十倍（マタイ18・22）赦すようにと教え、ご自分からその模範を示して、七の七十倍もわたしたちを赦します。そして、わたしたちを何度もご自分の肩に負うのです」(3)と言われたのは、実にペトロに対してでした。こうして、倦《う》むことなく赦してくださるイエスの体験が、福音宣教の原点でした。

わたしは、初代教会から伝えられてきたと言われる〝ペトロはイエスのことを語るたびに泣き続け、やがて頬にその涙の筋が刻まれていた〟という伝説が心に残っています。ペトロはそのような歩みの中で、イエスへの信頼に揺るぎない者として生き、「岩」となっていったのです。

わたしたちはこのような赦しを体験し続けたペトロのイエスへの信頼という岩の土台の上に建てられています。生涯かけて体験しながら信頼を深めていったペトロを待ってくださるのもイエスなのです。

二十一世紀を生きていくわたしたち人間の根本基盤であるお方を「いつくしみの神」と捉え直した教会と共に、『いつくしみの特別聖年』の中で、神の真実のみ顔「いつくしみそのものであるイエス」を探し求めるように、世界中の人々が招かれています。

聖霊の働き

マリスト会司祭　一場　修

はじめに

今日は、使徒言行録における「聖霊の働き」というテーマでお話しするのですが、まず最初に、この講座で何を明らかにしたいのか、どのようなことを皆さんにお伝えしたいのかを申し上げておきます。今日の話は使徒言行録の全体にわたります。それを三つのポイントにしぼってお話ししていきたいと思います。

まず使徒言行録16章9節までを前半部分、16章10節からを後半部分として分けます。まず、一番目、前半部分では「過去における外的な聖霊の働き」について、二番目、後半部分の16章10節以降では、「今、わたしたちの中で働いている聖霊」という視点で聖霊の働きを見ていきたいと思います。そして、この前半部分、後半部分を踏まえて、三番目のポイントは、「今日の教会へのメッセージ」ということで、ここでは「成長型共同体から定常型共同体」という観点でお話ししたいと思います。定常型共同体とは、広井良典という方が提唱された言葉なのですが（『定常型社会―新しい豊かさの構想』岩波新書二〇〇一年）、その言葉を使わせていただこうと思います。

使徒言行録後半部分では、会話文ではなく叙述文の中に「わたしたち」という言葉がいくつか出てきます。これを聖書学では、「わたしたち資料」、「我ら資料」と言われています。これについての解釈は五つくらいあります。一番目は、使徒言行録の著者が、パウロの同行者として目撃した表現だという解釈。二番目は、使徒言行録の著者ルカが、同行者のメモや旅行記などの文書資料を抜き出してきたという解釈。この二つはパウロの同行者が意識されています。三番目は、この資料は文書資料ではなく口頭文書であるから、「わたしたち」というのが入っているのだという解釈。四番目は、著者がパウロに同行したということにリアリティ（現実味）を持たせるための文学的な虚構であるという解釈。五番目は、語り手がパウロについてのいろいろな伝承を用いて、それを聞き手自身に、旅行の同行者であるようなリアリティを与える文学的な手法だという解釈です。わたしが聖書講座で取る立場は、この五番目のものです。つまり、パウロに同行した人たちが「わたしたち」なのですが、「わたしたち」とは、この使徒言行録が読まれたときに、それを聞いている人たちでもあるのだということです。教会の二千年の歴史の中で、使徒言行録を読んでいる「わたしたち」、今ここにいる「わたしたち」も含まれるのです。そういう意味での「わたしたち」として捉えたいと思います。ですから、前半部分は過去の聖霊の働きとして、そして後半部分は、今、わたしたちの中で働いている聖霊の働きとして、過去と現在というふうに分けたいと思います。

過去における外的な聖霊の働き

それでは、前半部分の16章9節までを見ていきましょう。ここではわたしたちの目に見える形で聖霊が働いています。異言があったり、しるしがあったり、目に見える成果をもたらす聖霊の働きです。2章1節から見ていくと、聖霊降臨があり、聖霊が降るという生き生きとした、目に見える大きな聖霊の働きがあるわけです。そこでペトロが生き生きと説教します。ペトロの説教は14節から始まるのですが、中心テーマは23節、24節です。

「このイエスを神は、お定めになった計画により、あらかじめご存じのうえで、あなたがたに引き渡されたのですが、あなたがたは律法を知らない者たちの手を借りて、十字架につけて殺してしまったのです。しかし、神はこのイエスを死の苦しみから解放して、復活させられました。イエスが死に支配されたままでおられるなどということは、ありえなかったからです。」

これが、ペトロの説教の中心的なものでした。「イエスは死んで復活した」というキリスト教信仰の根本的なテーマを表すものですが、そのことをペトロは力強く説教します。説教の終わり、36節からを見てみましょう。

「……だから、イスラエルの全家は、はっきり知らなくてはなりません。あなたがたが十字架につけて殺したイエスを、神は主とし、また、メシアとなさったのです。」人々はこれを聞いて大いに心を打たれ、ペトロとほかの使徒たちに、「兄弟たち、わたしたちはどうしたらよいのですか」と言った。すると、ペトロは彼らに言った。「悔い改めなさい。めいめい、イエス・キリストの名によって洗礼を受け、罪を赦していただきなさい。そうすれば、賜物として聖霊を受けます。この約束は、あなたがたにも、あなたがたの子供にも、遠くにいるすべての人にも、つまり、わたしたちの神である主が招いてくださる者ならだれにでも、与えられているものなのです。」ペトロは、このほかにもいろいろ話をして、力強く証しをし、「邪悪なこの時代から救われなさい」と勧めていた。ペトロの言葉を受け入れた人々は洗礼を受け、

その日に三千人ほどが仲間に加わった。（2章36―41節）

ペトロの力強い説教です。イエスの受難のときは、三度、「イエスを知らない」と言っていたペトロにこのような力強い説教ができたということは、聖霊の力が働いているということです。さらにその後、信者の生活について書かれています。43節からです。

すべての人に恐れが生じた。使徒たちによって多くの不思議な業としるしが行われていたのである。信者たちは皆一つになって、すべての物を共有にし、財産や持ち物を売り、おのおのの必要に応じて、皆がそれを分け合った。そして、毎日ひたすら心を一つにして神殿に参り、家ごとに集まってパンを裂き、喜びと真心をもって一緒に食事をし、神を賛美していたので、民衆全体から好意を寄せられた。こうして、主は救われる人々を日々仲間に加え一つにされたのである。（2章43―47節）

聖霊が働いて、皆一つになって祈り、家ごとにパンを裂く。つまり聖餐が行われていたのです。いわゆる「家の教会」です。共同体が家に集まって、ミサをしていたということです。まさに聖霊が働いて、教会がどんどん大きくなっていきました。三千人ほどが洗礼を受けるということが、日々起こっていたのです。聖霊は外側から人々に働きかけ、信じる人を目に見える形で増やしていく。そういう聖霊の働きをここに見ることができます。

3章を見てみましょう。ペトロが神殿で説教します。3章12節から始まります。

「（あなたがたは、）聖なる正しい方を拒んで、人殺しの男を赦すように要求したのです。あなたがたは、命への導き手である方を殺してしまいましたが、神はこの方を死者の中から復活させてくださいました。わたしたちは、このことの証人です。」（3章14―15節）

この言葉を中心にペトロは力強い説教をします。ところが、力強く説教したペトロは捕らえられてしまいます。

ペトロとヨハネが民衆に話をしていると、祭司たち、神殿守衛長、サドカイ派の人々が近づいて来た。二人が民衆に教え、イエスに起こった死者の中からの復活を宣べ伝えているので、彼らはいらだち、二人を捕らえて翌日まで牢に入れた。既に日暮れだったからである。しかし、二人の語った言葉を聞いて信じた人は多く、男の数が五千人ほどになった。（4章1—4節）

ペトロが捕らえられても、このように信じた人は三千人が五千人に増えていったということです。本当に、目に見える形で聖霊の働きが現れ、信者が増えていったのです。このようなしるしが続いていくわけです。たとえば、5章14節にも同じように出てきます。

6章に入ると、ステファノたち七人の選出があります。教会が大きくなっていき、共同体の中で、ギリシャ語を話すユダヤ人からヘブライ語を話すユダヤ人たちに対して苦情が出るということが起こりました。ある意味で、文化の違いが出てきたわけです。日々の食べ物の分配のことで、ギリシャ語を話す人々に対応するために、七人の奉仕者が選ばれます。その奉仕者の一人がステファノです。後にステファノは殉教するのですが、これも初代教会にとってはひとつの危機でした。教会が成長していく中で、大きくなったがゆえに、いろいろな立場の人、いろいろな文化的背景を持った人が集まり、摩擦が生じ、軋轢《あつれき》が生じるのです。そこで七人の奉仕者を選んで対応したのです。7節には、「こうして、神の言葉はますます広まり、弟子の数はエルサレムで非常に増えていき、祭司も大勢この信仰に入った」とあります。民衆だけでなく、神殿の祭司も信者になったのです。このようにどんどん成長していくわけです。そういう中で、ステファノは捕らえられ、殉教し、エルサレムの教会は迫害されていきます。教会の試練の時です。

迫害した一人の中にパウロがいます。後に回心しますが、そのパウロの回心の模様が9章から書かれています。パウロが回心することで、教会はパウロという偉大な宣教者を得たわけです。パウロも使徒たちの仲間に加わって宣教します。「こうして、教会はユダヤ、ガリラヤ、サマリアの全地方で平和を保ち、主を畏れ、聖霊の慰めを受け、基礎が固まって発展し、信者の数が増えていった」（9・31）。ステファノの殉教があり、教会への迫害があった。しかし、そういう中でパウロは回心し、信者の数はますます増えていきました。

この後、ペトロがタビタを生き返らせるという話が出てきます。この癒やしの出来事を見てみましょう。

ヤッファにタビタ――訳して言えばドルカス、すなわち「かもしか」――と呼ばれる婦人の弟子がいた。彼女はたくさんの善い行いや施しをしていた。ところが、そのころ病気になって死んだので、人々は遺体を清めて階上の部屋に安置した。リダはヤッファに近かったので、弟子たちはペトロがリダにいると聞いて、二人の人を送り、「急いでわたしたちのところへ来てください」と頼んだ。ペトロはそこをたって、その二人と一緒に出かけた。人々はペトロが到着すると、階上の部屋に案内した。やもめたちは皆そばに寄って来て、泣きながら、ドルカスが一緒にいたときに作ってくれた数々の下着や上着を見せた。ペトロが皆を外に出し、ひざまずいて祈り、遺体に向かって「タビタ、起きなさい」と言うと、彼女は目を開き、ペトロを見て起き上がった。ペトロは彼女に手を貸して立たせた。そして、聖なる者たちとやもめたちを呼び、生き返ったタビタを見せた。

（9章36―41節）

ペトロはすごい力を持ったのです。まるでイエスのようです。「このことは、ヤッファ中に知れ渡り、多くの人が主を信じた」（9・42）とあるように、また信者が増えたのです。教会が数の上で、目に見える形で、成長していくのが分かります。これは、聖霊が目に見える形で働いているということです。このようなことが続いていきます。たとえば、10章39節から40節を見てみましょう。ペトロが説教するところです。同じような内容のことを言っています。

「わたしたちは、イエスがユダヤ人の住む地方、特にエルサレムでなさったことすべての証人です。人々はイエスを木にかけて殺してしまいましたが、神はこのイエスを三日目に復活させ、人々の前に現してくださいました。」

こういうペトロの言葉が説教の中で出てくるわけです。ペトロは異邦人であるコルネリウスの家で、力強く福音を告げていきます。

ペトロがこれらのことをなおも話し続けていると、御言葉を聞いている一同の上に聖霊が降った。割礼を受けている信者で、ペトロと一緒に来た人は皆、聖霊の賜物が異邦人の上にも注がれるのを見て、大いに驚いた。異邦人が異言を話し、また、神を賛美しているのを、聞いたからである。そこでペトロは、「わたしたちと同様に聖霊を受けたこの人たちが、水で洗礼を受けるのを、いったい誰が妨げることができますか」と言った。そして、イエス・キリストの名によって洗礼を受けるようにと、その人たちに命じた。

（10章44―48節）

このように、ユダヤ人に限らず、異邦人も洗礼を受けました。聖霊はここでも働いているのです。このようにユダヤ人に限らず異邦人も洗礼を受けるわけです。皆さんは、ユダヤ人だから信者が増えたのだと思うかもしれませんが、本当にそう言い切ってよいのでしょうか。ユダヤ人にとって、木にかけられて殺された人が救い主であるということは受け入れ難いことです。律法を厳格に考えるならば、木にかけられて殺された人、十字架にかけて殺された人が救い主になるということは、呪われた者が救い主になるということです。ユダヤ人にとってそれを信じることは難しいことでしょう。しかし、ユダヤ人にも異邦人にも聖霊が働いて、たくさんの人が信じるようになっていったのです。そんなことが、前半で続いていくわけですから、読んでいて非常に明るい気分になれます。信者がたくさん増えたんだ、やはり初代教会はすごいと思うわけです。それなのに今はどうしてこんなに停滞しているのだろうと逆にがっかりさせられるかもしれませんが、少なくともこれを読んで、当事者のようにこの世界に入っていけば、非常に気持ちよく読めるはずです。前半はそんなふうに展開していくのですが、11章19節から、アンティオキアの教会が出てきます。アンティオキアの教会は、初代教会において大変重要な役割を果たします。ここでも聖霊が働いているということを見たいと思います。

ステファノの事件をきっかけにして起こった迫害のために散らされた人々は、フェニキア、キプロス、アンティオキアまで行ったが、ユダヤ人以外のだれにも御言葉を語らなかった。しかし、彼らの中にキプロス島やキレネから来た者がいて、アンティオキアへ行き、ギリシャ語を話す人々にも語りかけ、主イエスについて福音を告げ知らせた。主がこの人々を助けられたので、信じて主に立ち帰った者の数は多かった。（11章19—21節）

もともと迫害を受けて散らされた人々がアンティオキアにもいたわけですが、アンティオキアでも信者が増えていったのです。

このうわさがエルサレムにある教会にも聞こえてきたので、教会はバルナバをアンティオキアへ行くように派遣した。バルナバはそこに到着すると、神の恵みが与えられた有様を見て喜び、そして、固い決意をもって主から離れることのないようにと、皆に勧めた。バルナバは立派な人物で、聖霊と信仰に満ちていたからである。こうして、多くの人が主へと導かれた。バルナバはサウロを捜しにタルソスへ行き、見つけ出してアンティオキアに連れ帰った。二人は、丸一年の間そこの教会に一緒にいて多くの人を教えた。このアンティオキアで、弟子たちが初めてキリスト者と呼ばれるようになったのである。（11章22—26節）

ここで、キリスト者という言葉が初めて出てきます。このアンティオキアで聖霊の働きがあって、たくさんの信者が増え、目に見える形で教会が成長していくわけです。そんなことが13章から16章まで、ずっと続いていきます。たとえば、14章1節にこんな言葉があります。パウロとバルナバが宣教している場面です。「イコニオンでも同じように、パウロとバルナバはユダヤ人の会堂に入って話をしたが、その結果、大勢のユダヤ人やギリシア人が信仰に入った」。信者が増えている様子が分かります。また、16章5節にも、「こうして、教会は信仰を強められ、日ごとに人数が増えていった」とあります。バルナバがパウロに同行して宣教していくのですが、その中でも、日ごとに人数が増えていくわけです。初代教会の素晴らしい成長の姿です。目に見える聖霊の働きというのを、わたしたちはここに見ることができるのです。

今、わたしたちの中で働いている聖霊

さて、後半部分、16章10節からは雰囲気が変わってきます。「パウロがこの幻

を見たとき、わたしたちはすぐにマケドニアへ向けて出発することにした。マケドニア人に福音を知らせるために、神がわたしたちを召されているのだと、確信するに至ったからである」（16・10）。ここで、「わたしたち」という言葉が出てくるのです。今までのペトロやパウロの話は初代教会の過去の素晴らしい話でした。ところが、今度は、「わたしたち」となるわけです。使徒言行録の物語に「わたしたち」が入っていき、使徒言行録の出来事に、「わたしたち」も巻き込まれていくのです。それを聖霊の働きと言ってもいいです。聖霊の働きはまさに、どんどん人を巻き込んでいき、「わたしたち」を一つにするのです。時代を超えて、場所を超えて巻き込んでいくのです。「わたしたち」と言うことができる、このことが、一つの聖霊の働きと見てもよいと思うのです。

フィリピで次のようなことが起こります。

わたしたちはトロアスから船出してサモトラケ島に直航し、翌日ネアポリスの港に着き、そこから、マケドニア州第一区の都市で、ローマの植民都市であるフィリピに行った。そして、この町に数日間滞在した。安息日に町の門を出て、祈りの場所があると思われる川岸に行った。そして、わたしたちもそこに座って、集まっていた婦人たちに話をした。ティアティラ市出身の紫布を商う人で、神をあがめるリディアという婦人も話を聞いていたが、主が彼女の心を開かれたので、彼女はパウロの話を注意深く聞いた。そして、彼女も家族の者も洗礼を受けたが、そのとき、「私が主を信じる者だとお思いでしたら、どうぞ、私の家に来てお泊まりください」と言ってわたしたちを招待し、無理に承知させた。（16章11―15節）

ある意味で、パウロと一緒にわたしたちもリディアたちに話しかけているのです。そして、彼女も、彼女の家族の者も洗礼を受けたのです。しかし、お分かりだと思うのですが、他の婦人たちもいたのに、信じるようになったのは結局リディアとその家族の者だけです。信仰に入る人たちの規模が小さくなっています。今までは、祭司も信仰に入ったとか、三千人、五千人という規模で信者がどんどん増えていきました。しかし、ここでは、座って話をしていたら、そのうちの一人の婦人が信じるようになったということは、裏を返せば、後の人は信じなかったということです。成長の失速です。

次に17章1節から13節を見ると、ギリシャのテサロニケで騒動が起こるのです。

パウロとシラスは、アンフィポリスとアポロニアを経てテサロニケに着いた。ここにはユダヤ人の会堂があった。パウロはいつものように、ユダヤ人の集まっているところへ入って行き、三回の安息日にわたって聖書を引用して論じ合い、「メシアは必ず苦しみを受け、死者の中から復活することになっていた」と、また、「このメシアはわたしが伝えているイエスである」と説明し、論証した。それで、彼らのうちのある者は信じて、パウロとシラスに従った。神をあがめる多くのギリシア人や、かなりの数のおもだった婦人たちも同じように二人に従った。しかし、ユダヤ人たちはそれをねたみ、広場にたむろしているならず者を何人か抱き込んで暴動を起こし、町を混乱させ、ヤソンの家を襲い、二人を民衆の前に引き出そうとして捜した。しかし、二人が見つからなかったので、ヤソンと数人の兄弟を町の当局者たちのところへ引き立てて行って、大声で言った。「世界中を騒がせてきた連中が、ここにも来ています。ヤソンは彼らをかくまっているのです。彼らは皇帝の勅令に背いて、『イエスという別の王がいる』と言っています。」これを聞いた群衆と町の当局者たちは動揺した。当局者たちは、ヤソンやほかの者たちから保証金を取ったうえで彼らを釈放した。（17章1―9節）

ここでパウロが三回も足を運んだにもかかわらず、彼らのうちのある者しか信じなかったのです。主だった婦人たちも同じように二人に従ったとありますが、膨大な数ではないことが分かります。そして、その後に、今度はいろいろな問題が起こってきます。ユダヤ人の妬みを買うわけです。「これを聞いた群衆と町の当局者たちが動揺した」、とあります。そのようにして宣教が順調にいかなくなり、成長がだんだん止まってきているということが、分かっていただけるでしょう。

17章の32節、34節を見てみましょう。アテネでパウロが演説し、人々にイエスの福音、神の国の福音を宣べ伝えます。32節、34節は、それに対する人々の反応です。「死者の復活ということを聞くと、ある者はあざ笑い、ある者は、『それについては、いずれまた聞かせてもらうことにしよう』と言った」（17・32）。たとえるなら、チラシなどを配っているとき、受け取らないで、「いや、いいです」と言われるのと同じです。「それで、パウロはその場を立ち去った。しかし、彼について行って信仰に入った者も、何人かいた」（17・34）。この何人かいた、というのも考えてみればひどい話です。前半では、信仰に入った人が大勢いたとなっているのですが、ここでは何人かしか信仰に入らなかったわけです。パウロがこれだけ頑張って宣教しているのに、です。それこそ、パウロは聖書に詳しく、律法もよく知っています。しかし、アテネでは、何人かしか信仰に入らなかったのです。

次にコリントではどうなのかを見てみましょう。コリントというのは、パウロが手紙を書いているように、初代教会において非常に大切な共同体があった所です。コリントにも、ユダヤ教の会堂がありました。

会堂長のクリスポは、一家をあげて主を信じるようになった。また、コリントの多くの人々も、パウロの言葉を聞いて信じ、洗礼を受けた。ある夜のこと、主は幻の中でパウロにこう言われた。「恐れるな。語り続けよ。黙っているな。わたしがあなたと共にいる。だから、あなたを襲って危害を加える者はいない。この町には、わたしの民が大勢いるからだ。」（18章8―10節）

「恐れるな」「わたしがあなたと共にいる」というのは、たくさんの困難をかかえているときの励ましの言葉です。裏を返せば、うまくいっていない、順調にいっていないということです。確かに、たくさんの人が信じました。しかし、コリントは都市ですから、ほかに多くの人がいるわけです。たくさんの人が信仰に入ったからと言って、不安要因も多くあったと思うのです。つまり、こういう神の言葉がパウロに働くということは、確かに信者は多く増えたけれど、決して手放しで喜べるような状態ではなかったということです。

次にエフェソでの出来事を見てみましょう。パウロの話を聞いて、人々は信じるようになります。「人々はこれを聞いて主イエスの名によって洗礼を受けた。パウロが彼らの上に手を置くと、聖霊が降り、その人たちは異言を話したり、預言をしたりした。この人たちは、皆で十二人ほどであった」（19・5―7）。前半の華やかな聖霊の働きが戻ってきたのかと思うかもしれませんが、この人たちは皆で十二人ほどです。前半に比べると非常に少なくなっていることが分かります。
次に20章7節から12節を見てみましょう。「パウロ、若者を生き返らせる」という箇所です。ペトロもタビタを生き返らせました。パウロの奇跡を見て、信者が増えるかもしれません。

週の初めの日、わたしたちがパンを裂くために集まっていると、パウロは翌日出発する予定で人々に話をしたが、その話は夜中まで続いた。わたしたちが集まっていた階上の部屋には、たくさんのともし火がついていた。エウティコという青年が、窓に腰を掛けていたが、パウロの話が長々と続いたので、ひどく眠気を催し、眠りこけて三階から下に落ちてしまった。起こしてみると、もう死んでいた。パウロは降りて行き、彼の上にかがみ込み、抱きかかえて言った。「騒ぐな。まだ生きている。」そして、また上に行って、パンを裂いて食べ、夜明けまで長い間話し続けてから出発した。人々は生き返った青年を連れて帰り、大いに慰められた。

（20章7—12節）

ペトロがタビタを癒やした時には、それを見て多くの人が信仰に入りました。しかし、パウロのこの癒やしでは、違う雰囲気で、多くの人が信仰に入ったとは書かれていません。

そうこうしているうちに、パウロはエルサレムに行きます。エルサレムに行って、神殿の境内で逮捕された時、弁明の機会が与えられ、そこで自分の回心を語り、異邦人の宣教者になるということも宣言するのです。そういう力強い宣言をしたパウロは、最高法院で取り調べを受けることになります。23章あたりでは、パウロ暗殺の陰謀ということも出てきます。その後、パウロはカイサリアの総督フェリクスのもとに護送されます。エルサレムで、また、カイサリアのフェリクスのもとでも、それこそ力強く弁明するのですが、信者が増えたという記述はありません。ただひたすら語り続けるのです。パウロが最高法院で取り調べを受け、ユダヤ人たちがパウロを殺そうとしているとき、こんな言葉が出ています。「その夜、主はパウロのそばに立って言われた。『勇気を出せ。エルサレムでわたしのことを力強く証ししたように、ローマでも証しをしなければならない。』」（23・11）。パウロはその言葉を受けて、証しを続けていくわけです。パウロはローマの市民権を持っていましたから、皇帝に上訴します。皇帝に上訴するために、パウロはローマに行くことになり、そこでアグリッパ王に出会うわけです。アグリッパ王というのは、ヘロデ・アグリッパ二世のことで、ヘロデ・アグリッパ一世の息子です。紀元四四年、十七歳の時に、父親が戦死して、その後、ローマ皇帝によってガリラヤ湖の北部と東部地方の統治を許されたユダヤの王です。その人に対して、パウロは弁明するわけです。その弁明の中で、パウロはアグリッパ王に信仰を勧めます。

パウロがこう弁明していると、フェストゥスは大声で言った。「パウロ、お前は頭がおかしい。学問のしすぎで、おかしくなったのだ。」パウロは言った。「フェストゥス閣下、わたしは頭がおかしいわけではありません。真実で理にかなったことを話しているのです。王はこれらのことについてよくご存じですので、はっきりと申し上げます。このことは、どこかの片隅で起こったのではありません。ですから、一つとしてご存じないものはないと、確信しております。アグリッパ王よ、預言者たちを信じておられますか。信じて

おられることと思います。」（26章24―27節）

つまり、「本当に聖書を信じているなら、まさに、信仰に入るはずだ。イエスの出来事、イエスは苦しみを受け、死んで、復活したということも知っているはずだ。信者が増えたということも、アグリッパ王は知っているはずだ」とパウロは言うのです。

アグリッパ王はパウロに言った。「短い時間でわたしを説き伏せて、キリスト信者にしてしまうつもりか。」パウロは言った。「短い時間であろうと長い時間であろうと、王ばかりでなく、今日この話を聞いてくださるすべての方が、私のようになってくださることを神に祈ります。このように鎖につながれることは別ですが。」そこで、王が立ち上がり、総督もベルニケや陪席の者も立ち上がった。彼らは退場してから、「あの男は、死刑や投獄に当たるようなことは何もしていない」と話し合った。アグリッパ王はフェストゥスに、「あの男は皇帝に上訴さえしていなければ、釈放してもらえただろうに」

と言った。

（26章28―32節）

どんなにパウロが福音を告げ知らせても、誰も信仰に入っていないということなのです。それで、皇帝に上訴するために、パウロはいよいよローマに向かって船出するわけです。それが、27章から始まっていきます。途中、暴風に襲われ、大変な思いもしました。

夜が明けかけたころ、パウロは一同に食事をするように勧めた。「今日で十四日もの間、皆さんは不安のうちに全く何も食べずに、過ごしてきました。だから、どうぞ何か食べてください。生き延びるために必要だからです。あなたがたの頭から髪の毛一本もなくなることはありません。」こう言ってパウロは、一同の前でパンを取って神に感謝の祈りをささげてから、それを裂いて食べ始めた。そこで、一同も元気づいて食事をした。船にいたわたしたちは、全部で二百七十六人であった。十分に食べてから、穀物を海に投げ捨てて船を軽くした。

（27章33―38節）

初代教会のころの聖餐について、最初のほうで少し触れましたが、まさに、一同の前でパンを取って、神に感謝の祈りをささげてから、それを裂いて食べるというのが初代教会のころの聖餐です。パンを裂く式を思い起こさせるものです。初代教会の聖餐の時は、ある意味で、聖霊が力強く働いていました。皆、力強く祈っていて、信者の数も増えました。しかし、ここでは、皆食べて、満腹して、穀物を海に捨てて船を軽くしたのです。食べて、皆満足した。元気になった。それで終わっているのです。初代教会で行われていた、持ち物を共有したとかいう言葉も出てきません。ともかく生き延びるために食べたというだけのことのようです。28章では、マルタ島に着きます。

わたしたちが助かったとき、この島がマルタと呼ばれていることが分かった。島の住民は大変親切にしてくれた。降る雨と寒さをしのぐためにたき火をたいて、わたしたち一同をもてなしてくれたのである。パウロが一束の枯れ枝を集めて火にくべると、一匹の蝮《まむし》が熱気のために出てきて、その手に絡みついた。住民は彼の手にぶら下がっているこの生き物を見て、互いに言った。「この人はきっと人殺しにちがいない。海では助かったが、『正義の女神』は、この人を生かしておかないのだ。」ところが、パウロはその生き物を火の中に振り落とし、何の害も受けなかった。体がはれ上がるか、あるいは、急に倒れて死ぬだろうと、彼らはパウロの様子をうかがっていた。しかし、いつまでたっても何も起こらないのを見て、考えを変え、「この人は神様だ」と言った。さて、この場所の近くに、島の長官でプブリウスという人の所有地があった。彼はわたしたちを歓迎して、三日間、手厚くもてなしてくれた。ときに、プブリウスの父親が熱病と下痢で床についていたので、パウロはその家に行って祈り、手を置いていやした。このことがあったので、島のほかの病人たちもやって来て、いやしてもらった。それで、彼らはわたしたちに深く敬意を表し、船出のときには、わたしたちに必要な物を持って来てくれた。（28章1—10節）

このように明らかに聖霊が働き、たくさんの病人が癒やされたにもかかわらず、島の人たちが信仰に入ったとはひと言も書かれていないのです。その後、いよいよローマに到着します。そこでまずユダヤ人たちに対して宣教していきます。イエスの福音を伝えていくわけです。「そこで、ユダヤ人たちは日を決めて、大勢でパウロの宿舎にやって来た。パウロは、朝から晩まで説明を続けた。神の国について力強く証しし、モーセの律法や預言者の書を引用して、イエスについて説得しようとしたのである」(28・23)。神の国について力強く宣べ伝えただけでなく、証しするということは聖霊が働いているということです。わたしたちが証しをするとき、聖霊について述べるとか説明するといったことではなく、そこに聖霊が働いているのです。パウロはモーセの律法や預言者の書を引用して、イエスについてユダヤ人たちを説得しようとします。パウロはそれが得意なわけです。さらに、自らの個人的な回心に基づいて説明しました。だからこそ、力強く証しができるのです。

ある者はパウロの言うことを受け入れたが、他の者は信じようとはしなかった。彼らが互いに意見が一致しないまま、立ち去ろうとしたとき、パウロはひと言次のように言った。「聖霊は、預言者イザヤを通して、実に正しくあなたがたの先祖に、語られました。
『この民のところへ行って言え。
あなたたちは聞くには聞くが、決して理解せず、
見るには見るが、決して認めない。
この民の心は鈍り、
耳は遠くなり、
目は閉じてしまった。
こうして、彼らは目で見ることなく、
耳で聞くことなく、
心で理解せず、立ち帰らない。
わたしは彼らをいやさない。』」
（28章24―27節）

パウロは、これだけ力強く証ししたのに、結局、この人々は納得しませんでした。パウロの挫折感、もうあなたたちには言っても無駄だという気持ちから、このような言葉になってしまうわけです。「だから、このことを知っていただきた

い。この神の救いは異邦人に向けられました。彼らこそ、これに聞き従うのです」（28・28）。

このように後半部分を見ていくと、パウロのユダヤ人への宣教はうまくいかず、信者の数も増えず、宣教は成功していません。それでもパウロは語り続けていくのです。どんなことがあっても、語り続けるのです。朝から晩まで、夜明けまで語り続けるパウロがいるのです。信者の数が増えるかどうかは、問題ではありません。そのことを後半が表していると思うのです。パウロの宣教は、挫折と困難を伴う宣教です。そして、そういうパウロとわたしたちは一緒にいるのです。わたしたちも、パウロの宣教、挫折を伴う宣教、困難を伴う宣教を行うのです。人々に、こんな素晴らしい救いがあるのだ、こんな素晴らしい福音があるのだと語っても、なかなか理解してもらえないパウロと、わたしたちが一緒にいるのです。それが、使徒言行録の後半なのです。しかし、そのわたしたちの中で聖霊が働いているということなのです。

この使徒言行録において、聖霊という言葉が出てこない箇所が三カ所くらいあります。前半の1章から16章の間は聖霊が多く出てきますが、16章10節以降、特に19章7節からは聖霊という言葉がほとんど出てこなくなります。28章の25節で「聖霊は」という言葉が出てきますが、これは、今働いている聖霊ではなく、イザヤに働いた聖霊のことを言っているだけです。このように、目に見える聖霊が登場することが少なくなります。目に見える聖霊の働きが見えなくなってくるのです。それが、後半部分です。

今日の教会へのメッセージ

目に見える聖霊の働きが見えなくなる。しかし、大切なことは何でしょうか。過去における聖霊の外的な働きはなければ困ります。そうでなければ教会そのもの、教会共同体というのは存在しないわけですから。その意味で、過去の聖霊の働きは必要だったのです。信者が増え、目に見える成果をもたらす聖霊の働きは過去のことです。今はどうなのかというと、福音を語ってても分かってもらえないのです。

それでも、パウロと一緒にいる、そして信仰しているわたしたちが語り続けなければならないのです。反対されようと、誤解されようと、語り続けなければならないのです。それも、同じことを語り続けなければならないのです。ペトロが説教で、「イエスは死んで復活した、木にかけられて殺された、しかし神はイエスを復活させられた」という福音のメッセージを何度も何度も繰り返したように、それを分かってもらえても、分かってもらえなくても、語り続けなければならないのです。目に見える成果は出なくても、共同体は数では増えていかなくても、わたしたちが語り続けること、それが、後半から読み取れる今の大きな聖霊の働きであると思われます。

今、日本の社会は定常型社会です。経済的に成長していません。規模が大きくなっていきません。規模が大きくなっていかない状態が続いていくわけです。そういう「定常型共同体」にわたしたち「教会共同体」も生きているのです。そして、まさに、聖霊は、わたしたちがその定常型共同体を生きる支えになっているのです。今、わたしたちはパウロのように、成果を気にせず、数の増加を目指さず、本当に根本的な救い、変わらない価値の救いに生きて、どんな困難があろうとも、それを人々と分かちあっていく「主体的共同体」です。ですから、信者は増えなくても、わたしたちは、それでも語り続けるのです。だからこそ、語り続けるのです。わたしたちが語らなければ誰も語らないのなら、パウロのようにひたすら語り続けるのです。そして、まさに聖霊は、そのわたしたちの生きる支えになっているのです。

パウロのときのように、今、わたしたちは定常型共同体を生きています。使徒言行録はそのような共同体にこそ、聖霊は力強く働いているということを伝えているのです。その意味で、使徒言行録はわたしたちにとって希望の福音だということです。

パウロと律法

神言修道会司祭　西　経一

はじめに

今日は、「パウロと律法」というテーマでお話しします。使徒言行録には「パウロと律法」に関わる大事な箇所があります。まずそこを読んでおきましょう。

これを聞いて、人々は皆神を賛美し、パウロに言った。「兄弟よ、ご存じのように、幾万人ものユダヤ人が信者になって、皆熱心に律法を守っています。この人たちがあなたについて聞かされているところによると、あなたは異邦人の間にいる全ユダヤ人に対して、『子供に割礼を施すな。慣習に従うな』と言って、モーセから離れるように教えているとのことです。いったい、どうしたらよいでしょうか。彼らはあなたの来られたことをきっと耳にします。だから、わたしたちの言うとおりにしてください。わたしたちの中に誓願を立てた者が四人います。この人たちを連れて行って一緒に身を清めてもらい、彼らのために頭をそる費用を出してください。そうすれば、あなたについて聞かされていることが根も葉もなく、あなたは律法を守って正しく生活している、ということがみんなに分かります。

（使徒言行録21章20―24節）

人々がパウロに、「あなたの教えは律法から離れてもかまわないというように響いて、皆に誤解を与えるので、あなたも律法を守って正しく生活していることを見せてあげてください」と言っています。ここに書かれている「人々」というのは、ユダヤ人キリスト者です。彼らは割礼を受けて律法を守っていた人たちで、キリスト者になっても、これが続いているわけです。わたしたちで言えば、洗礼を受けても初詣に行くようなものです。いつまでも日本人であることは抜けません。

わたしは長崎出身ですが、学生時代に名古屋のカトリック教会に手伝いに行った時、「西さんは、どこの出身ですか」と聞かれました。「長崎です」と答えると、「あら、長崎の信者さんですか」と言われたのです。それでわたしは、「いいえ、わたしはカトリックの信者です。あなたと一緒です」と言いました。長崎の信者というと、何か特別な信者というイメージがあるのでしょう。わたしたちには、生きてきた環境の中で刷り込まれたものがあり、それがなかなか抜けないのではないでしょうか。

「律法を外してもかまわない」というところにパウロの戦いがあったのですが、彼自身もなかなか外せませんでした。たぶん死ぬまで外せなかったのでしょう。パウロの手紙を読むと、自分はヘブライ人の中のヘブライ人と言っています。ヘブライ人というのはユダヤ人のことですから、パウロは自分がユダヤ人であることに誇りを持っていたということです。おそらく最後までこの意識を強く持っていたでしょう。だからこそわたしたちは、割礼あるいは律法の根本的な問題点を理解していかなくてはいけないのです。

キリスト教が伝わる中で、キリスト者になった人々は、初めはユダヤ人のほうが多かったのですが、次第に異邦人キリスト者が増えていきました。そして、ユダヤ人キリスト者と異邦人キリスト者たちとの間に戦いが起こります。それは同時にパウロ自身の中の戦いでもありました。なぜなら、自分はユダヤ人であるという意識を持ち、すでに律法が彼の中に入り込んでいる一方、自分は律法、割礼によって救われているのではない、イエス・キリストによって救われた者であるということを固く信じていたからです。この戦いが、パウロにとってネックであり、使徒言行録のポイントです。それをパウロは自分の中でどのようにして解決していったのかを、今日お話ししたいと思います。

パウロと律法ということを知るためには、パウロの手紙が大事です。パウロが律法についてどのように考えていたかがよく分かるからです。律法は、ギリシャ語でノモスです。この言葉が新約聖書全体で一九五回出ています。その中でパウロが使っているノモスは、ローマ書で一一八回、ガラテヤ書で三十二回、コリント書で九回、そしてフィリピ書で三回です。新約聖書全体の一九五回のうちパウロの手紙において一六二回使われているのです。つまり、律法という言葉はパウロの手紙以外はあまり出てこないということです。しかも、ローマ書、ガラテヤ書で集中して使われています。ですから、この二つの書を読むとパウロと律法の関係は明らかになるでしょう。

「天の国」のたとえ

今日お話しすることを皆さんによく分かっていただくために、マタイ13章を読んでみましょう。ここに「『天の国』のたとえ」という小見出しがついています。この小見出しはギリシャ語原文にはありません。聖書を翻訳した人が読者のために付けたものです。

天の国は次のようにたとえられる。畑に宝が隠されている。見つけた人は、そのまま隠しておき、喜びながら帰り、持ち物をすっかり売り払って、その畑を買う。

（マタイ13章44節）

このたとえを、「わたし」を主人公にして、「畑に宝が隠されている。それを見つけたわたしは、それをこっそり隠しておいて、ウキウキしながら帰る。そして、自分の財産を全部売り払ってでもその畑を手に入れたいほど、その畑は価値があるものだ」と多くの人が読んでいますが、それは間違っています。

「天の国」のたとえの主人公は、いつも神です。ここは、「畑の中、泥の中に宝が隠されている。その宝を見つけた神は、自分の持ち物を全部売り払ってでも、それを買い取ってくださる」ということです。宝とはわたしです。それが天の国のたとえです。神は、畑の中、泥の中に隠されているわたしを見つけて、ご自分を全部捨てて、わたしを買い取ってくださるのです。

フィリピ書に次のように書いてあります。

キリストは、神の身分でありながら、神と等しい者であることに固執しようとは思わず、かえって自分を無にして、僕の身分になり、人間と同じ者になられました。人間の姿で現れ、へりくだって、死に至るまで、それも十字架の死に至るまで従順でした。

（フィリピ2章6―8節）

つまり、神は、神であることさえ売り払って、捨てて、わたしを贖ってくださったということです。それが、天の国のありようなのです。次のたとえも同じです。

また、天の国は次のようにたとえられる。商人が良い真珠を探している。高価な真珠を一つ見つけると、出かけて行って持ち物をすっかり売り払い、それを買う。

（マタイ13章45―46節）

高価な真珠というのはあなたのことです。ですからこの箇所は、「神があなたを捜しに出かけて行き、あなたを見つけると、持ち物をすっかり売り払って、あなたを買い取ってくださる。それが天の国だ」と言っているのです。神が主人公なのです。皆さんが全財産を教会に寄付しないと天国に入れないというたとえではありません。もちろん生活していかなくてはいけないのですから、そういう人は誰もいないし、ありえません。わたしが自分の持ち物を全部売り払って、「主よ、あなたに従います」ということではないということです。

「わたしは持ち物全部を売り払って差し出しましたので、交換に天の国をください」という発想は、神と取り引きしていることになります。それでは誰も救われないのです。それは天の国ではありません。このわたしは、もうすでに神から救っていただいて、ここにあるのです、それが天の国です。そして、わたしが主人公ではないということです。これを頭に入れておけば、「パウロと律法」というのがよく分かってきます。

イエス・キリストの誠実によって救われる

パウロの手紙の中で、律法といつもセットになって出てくる言葉があります。それは「信仰」という言葉です。ギリシャ語でピスティスです。信仰という言葉は、ローマ書では律法の半分の五十九回、ガラテヤ書も律法の半分の十六回出てきます。つまり、パウロが律法の話をする時は、同時に信仰の話をしていることが多いのです。それを頭に入れて読んでいただきたいのです。

ガラテヤ書から学んでいきましょう。

わたしたちは生まれながらのユダヤ人であって、異邦人のような罪人ではありません。
（ガラテヤ2章15節）

パウロがユダヤ人であることから離れられないのがよく分かる箇所です。ここでは「異邦人のような罪人ではありません」と訳してありますが、原文では「異邦人のような」という柔らかい言葉づかいはしていません。直訳すると、「わたしたちは生まれながらのユダヤ人であって、異邦人、罪人ではありません」です。パウロにとっては、異邦人はすなわち罪人なのです。これが聖人パウロなのです。つまり、彼は異邦人を非常に軽蔑していた響きがあります。「自分は誇り高きユダヤ人であって、あの異邦人、すなわち罪人ではない」と言っているのです。続きを見てみましょう。

けれども、人は律法の実行ではなく、ただイエス・キリストへの信仰によって義とされると知って、わたしたちもキリスト・イエスを信じました。これは、律法の実行ではなく、キリストへの信仰によって義としていただくためでした。なぜなら、律法の実行によっては、だれ一人として義とされないからです。

（ガラテヤ2章16節）

「義とされる」というのは「救われる」ということです。つまり、「人は律法の実行ではなく、ただイエス・キリストへの信仰によって救われると知って、わたしたちもキリスト・イエスを信じました。これは、律法の実行ではなく、キリストへの信仰によって、救っていただくためでした」ということです。続いて、「なぜなら、律法の実行によっては、だれ一人として義とされないからです」とあります。律法の実行によっては救われないということです。信仰と律法の実行が対比されています。

今日、皆さんにぜひ学んでいただきたい大切な箇所は、「人は律法の実行ではなく、ただイエス・キリストへの信仰によって」という文章です。原文は「イエス・キリストのピスティスによって」となっていますが、これを翻訳した人が、「イエス・キリストへの信仰によって」としたのです。このピスティスという言葉は、忠実、誠実、信頼という意味の言葉で、言わば「まこと」ということです。

もっと詳しくお話ししましょう。例えば「子どもの成長」と言うときは、「子どもが成長する」ということです。この意味の場合には、「子どもへの成長」とは言いません。しかしこの翻訳では、「イエス・キリストへの信仰」を「イエス・キリストへの信仰」と訳していますから、イエス・キリストへの信仰によって救われるとなってしまうのです。この場合の主人公は、わたしたちです。そうではなく、元の意味は、イエス・キリストが、わたしたちを必ず救ってくださるという、イエス・キリストの裏切らない誠実によって救われるということです。主人公はイエス・キリストなのです。わたしが主人公になると、信仰が上とか下、浅いとか深いなどと言ってしまうわけです。そういうことではなく、イエス・キリストの誠実には深いも浅いもありません。イエス・キリストは、絶対に裏切ることなく、わたしを救ってくださると約束され、その約束によって、わたしは救われているのです。わたしがイエス・キリストを信じるから救われるのではなく、「イエス・キリストの誠実によって、わたしは救われて、ある」ということを信じるのです。

これを間違うと、いつも主人公がわたしになり、「イエス・キリストへのわたしの信仰によって救われます」となってしまうのです。そうであれば、信仰しなかった人は救われなくなります。皆さんのおじいさん、おばあさん、江戸時代の人たち、ザビエル来日以前の人たちはどうなりますか。イエス・キリストの誠実によって救われるのであって、信仰したかどうかという業績評価ではないのです。「もうすでに救われて、ある」ということです。ですから、わたしは皆さんに「最期のときには安らかに息を引き取ってください」と言っています。「何も心配はいらない」、そのことを信じるのです。

わたしたちがミサに行くのは、もうすでに救われていることへの感謝の祈りをするためです。何か業績を積み上げるために日曜日に教会へ行くのではありません。参加してハンコをもらうような夏休みのラジオ体操とは違います。ミサは感謝の祭儀です。「もう救われて、ここにおります」と感謝し、そして「この一週間、また歩み続けるための励ましをください」と、その確信を再確認するために行くのです。人間というのは、繰り返していかないと、そのことをいつかは忘れてしまいます。ですから、週に一回ミサに行くのです。

ミサにあずかることをそのように考えないと、また比べっこが始まります。あの人は信仰が深い、この人は信仰が浅いと言ってしまうのです。「わたしはもう救われて、「ある」という確信を持たないと、いつまでも比べっこから卒業できません。その比べっこから卒業できない状態を、律法に囚われていると言うのです。何かしないと落ち着けない、何か熱心にやっていることをよすがにして安心する、ということではないのです。「イエス・キリストがわたしを救ってくださった」、そのことを心のどこかにしっかりと持っておかないと、本当に大変なことになります。

わたしは今、三人で修道院に住んでいますが、その庭は結構広いのです。そこに二匹の野良猫が、わが物顔でやって来ます。わたしは、茶色に白い縞が入った猫にはピーコ、もう一匹の黒い縞の目つきの悪い猫にはワルグロと名前をつけました。そのワルグロとピーコが庭に来た時、わたしたち三人のうちの一人が近づくと、二匹は用心深く逃げ、もう一人が近づくと、飛び上がって逃げて行きます。ところが、わたしには甘えてニャーオと近寄って来るのです。それで、わたしは冷蔵庫に入っているハムやベーコンなどを出して、ちぎってその猫たちにやるのです。猫たちは喜んで食べ、ますますわたしになついてきます。実は、「減り方が早いですね」と言って、そのハムやベーコンを買って来ているのは、猫が飛び上がって逃げている神父なのです。猫から見れば、餌を与えるわたしだけがいい人で、買ってきたその神父に「感謝」とは言わないわけです。皆さんの聖書の読み方は、この猫と一緒です。目の前に見えるものだけを見ているのです。ですから、今、わたしは皆さんに聖書の深い奥行きをしっかり分かってほしいと思い、お話しししています。

何回も口を酸っぱくして言います。律法というのは、何かを実行することによって救われましょう、という発想です。律法の実行と天国が交換になっているのです。もちろん根っこでは救われているのですから、その発想をしていても救われます。しかしそれでは、イエス・キリストの誠実を信じているとは言えないということです。「あのイエス様がこうおっしゃるのだから、間違いなくわたしは救われて、ある」ということをしっかりと心に留めておくことが大切です。

わたしは長崎出身ですが、小さい頃、家では毎朝毎晩お祈りをさせられました。朝の祈り、夕の祈りでは、「父と子と聖霊との御名によりて。アーメン。天主の御前に出でて恭しく礼拝せん」と言っていましたが、初めは「恭しく」の意味も「礼拝」という意味も分かりませんでした。「礼拝せん」と言うから、しないのかと思っていました。それから、お告げの鐘がカラーンカラーンと鳴れば、条件反射みたいに母が、「主の御使いの告げありければ……」と祈り始めます。そうすると子どもたちが、「マリアは聖霊によりて懐胎し給えり」と言います。懐胎というのは取り壊しの解体かと思っていたぐらいです。「主の御使いの告げありければ、……」と祈っていると、途中で母の先唱が止まったりします。「オッ」と思って母を見れば、おつゆの味見をしている。そういう状況の中で祈りが刷り込まれてきているのです。その朝の祈りの締めくくりが、天主の十戒と公教会の六つの掟でした。

公教会の六つのおきて
第一　主日と守るべき祝日とを聖とし、ミサ聖祭に与《あずか》るべし。
第二　少なくとも年に一度は必ず告白すべし。
第三　少なくとも年に一度は御復活のころに聖体を受くべし。
第四　定められた期日には大斎を守るべし。
第五　金曜日およびその他定められたる期日には小斎を守るべし。

第六　各々の分に応じて教会維持費を負担すべし。

　この「べし」をどのように読むかで皆さんの信仰の成熟度が分かります。この「べし」は、義務だけではなく、いろいろな意味の広がりがあります。例えば、「秋なれば、葉は落ちるべし」と言うとき、義務で、落ちるべきで落ちているのではありません。秋が深まれば、木の葉が落ちるのは当然だという意味の「べし」ですから、「ミサ聖祭に与るべし」というのは、ミサ聖祭にあずかるのが当然でしょう、それが自然ですと言っているのです。救われていることをわたしが確信し、それがイエス・キリストのピスティス、誠実によっているのであれば、わたしは、「ありがたい」と言いに行くにちがいありません。義務ではないということです。

　パウロは、わたしたちが律法を義務として読めば、罪の刷り込みになると言うのです。それをよく教えてくれるローマ7章を見ましょう。パウロもこうだったのかということが分かります。

わたしたちは、律法が霊的なものであると知っています。しかし、わたしは肉の人であり、罪に売り渡されています。わたしは、自分のしていることが分かりません。自分が望むことは実行せず、かえって憎んでいることをするからです。もし、望まないことを行っているとすれば、律法を善いものとして認めているわけになります。そして、そういうことを行っているのは、もはやわたしではなく、わたしの中に住んでいる罪なのです、わたしは、自分の内には、つまりわたしの肉には、善が住んでいないことを知っています。善をなそうという意志はありますが、それを実行できないからです。わたしは自分の望む善は行わず、望まない悪を行っている。もし、わたしが望まないことをしているとすれば、それをしているのは、もはやわたしではなく、わたしの中に住んでいる罪なのです。それで、善をなそうと思う自分には、いつも悪が付きまとっているという法則に気づきます。「内なる人」としては神の律法を喜んでいますが、わたしの五体にはもう一つの法則があって心の法則と戦い、わたしを、五体の内にある罪の法則のとりこにしているのが分かります。わたしはなんと惨めな人間なのでしょう。死に定められたこの体から、だれがわたしを救ってくれるでしょうか。わたしたちの主イエス・キリストを通して神に感謝いたします。（ローマ7章14―25節）

「どんなにわたしがいいことをしようと望み、律法に定められていることを一生懸命やろうとしても、それがいいことなのだと分かっていても、できずにいる。わたしはなんと惨めな人間なのでしょう」とパウロは言っているのです。

この自分の弱さが分かっていない人は、たぶん、自分の信仰によって救われようとするでしょう。しかし、わたしは本当になんという惨めな人間でしょうと深い自覚を持っている人は、わたしが主人公の信仰ではなく、イエスが絶対わたしを救ってくださるというイエスの誠実にだけ依り頼むはずです。自分の無力さをよく知っている者だけが、イエス・キリストの憐れみ深い誠実によってしか救われないのだと分かるのです。ここは、それ以外の読み方はできません。わたしが主人公だと思う傲慢な人が、イエス・キリストへの信仰という読み方をしてしまうのです。

103　自分の弱さを見つめる

自分の弱さを見つめる

パウロは偉いと思います。「わたしはユダヤ人であって、あの異邦人のような罪人ではない」という意識を持ち、「わたしは割礼も受けているし、律法も熱心に守りました」と使徒言行録の中でも言っている、そのようなプライドの塊である彼が、自分の弱さを告白するのです。だからこそパウロは聖人なのです。

自分の弱さを分かっている人だけが、「主よ、憐れみたまえ」と心から唱えるのです。「あんな惨めな祈りはしたくない」と言う人がいましたが、その時わたしは、その人に「主があなたを憐れんでくださるように」と返答しました。自分の惨めさが分かっていない人は、すぐ鼻高々にラッパを鳴らし出します。

修道会には会憲というものがあり、共同体を大事にし、一人ひとりを本当の兄弟のように愛さなければならないと書いてあります。それが言わば律法です。ですからわたしも努力しています。わたしは善をなそうと思っていますが、中にはどうしても愛することができない人もいるわけです。わたしの良心は、「会憲にも書いてあるから、愛するように」と勧めます。しかし、できないのです。その、できないわたしに気づくとき、パウロのこの言葉を読むと、「わたしは望んでいるのに、できないのです。わたしは、なんと惨めな人間でしょう」と思い、パウロの気持ちがよく分かります。自分の惨めさが分からない人は、律法も恵みも分からないでしょう。問題もなく、悩みもなく、嫌いな人は一人もいないという人は、救われる必要がないのかもしれません。

自分の弱さを見つめると、わたしの律法の実行によって救われるのではなく、神がわたしを救ってくださっているということが分かります。神の真心、誠実、約束によってこそ、わたしは救われているのです。それをいつも思い出してください。律法と信仰を置き換えるだけではだめです。わたしは律法によっては救われないが、わたしが信じることによって救われると言うのであれば、それは、おかしな、新しい信仰という名の律法を作っていることになってしまうでしょう。もう一度、自分の弱さを見つめてください。

もう一つの箇所を読んでみましょう。ガラテヤ3章です。

あなたがたは皆、信仰により、キリスト・イエスに結ばれて神の子なのです。
（ガラテヤ3章26節）

聖書ではこの箇所も「信仰により」と訳してありますが、これもギリシャ語のピスティスですから、「イエス・キリストの誠実によって」と読んでください。続いて「結ばれて」と書いてありますが、ここは「エン・キリスト」で、英語で言えば「イン・キリスト」ですから、「結ばれて」という単語ではありません。それを、新共同訳ではすべて「キリストに結ばれて」と訳されています。しかし、「キリストにおいて」ということであれば、結ばれるとか結ばれないとかの意味ではなく、ここは、「あなたがたは皆、イエス・キリストの誠実によって、キリスト・イエスにおいて、神の子なのです」と書いてあるということです。

「信仰により」というと、わたしが主語となってしまうので、「あなたがたは皆、自分が信仰するから神の子なのです」となります。わたしが神の子になるのは、わたしが信仰するからではありません。そうではなく、わたしが神の子であるのは、神がわたしを神の子としてくださり、神の子と認めてくださったからです。あなたが信じたから、あなたが神の子になるのではありません。例えば、皆さんのところに知らない子が来て、「今日からあなたの子どもです。そう信じているから」と言われて、すぐに自分の子として戸籍に入れるでしょうか。

ここは、神と自分の関係を正しく理解しているかがよく分かる箇所です。「わたしが神を信仰しているので、わたしは神の子です」と、わたしが主語になるのは間違っています、神があなたを憐れんで、「あなたをわたしの息子、娘とする」と言われるから、神の子になれるのです。神に主導権を明け渡す読み方をしないと、ずっと律法に囚われたままとなってしまいます。

神にイニシアチブを明け渡すということを、律法とパウロというテーマを通して話してきましたが、ぜひ、そのことをもう一度ご自分で捉え直してみてください。そうすれば皆さんが本当に安らかな気持ちになれると思います。

弱さを恵みとして

あるとき、障害者の施設でお話をする機会がありました。その方たちは一生懸命に、楽しんで、笑って、喜んで話を聞いてくださいました。わたしも一生懸命話しました。終わってから、「ありがとうございました」と言って、そこを出て行こうとした時、一人のお母さんが、三十代の起き上がれない人を乗せたベッドを押して、ドアの所まで連れて来られたのです。わたしは、「今日はどうもありがとうございました」と言うと、お母さんは、「すみません、息子が『ぜひとも直接、ありがとうとお礼を言いたい』と言いますので」と言われました。それでわたしが、「いいえ、こちらこそ最後までありがとうございました」と言うと、その息子さんがわたしをじーっと見て、一生懸命口を動かして、一語一語ゆっくりと、「きょうは、ほんとに、ありがとうございました」と言ってくれたのです。「いいえ、ほんとに、ありがとう」とわたしが答えると、お母さんが、「この子をこんな体に産んでしまって。わたしが代わってあげとうございます」と言うと、その息子さんが、「おかあさんじゃ無理」と言ったのです。それで、わたしが「そうだよね。お母さんじゃ無理だよね」と言うと、「はーい。口先だけ」と言いました。

それと同じ言葉を、白血病で入院していた九歳の男の子からも聞きました。その子を仮に和也君としましょう。その和也君は小学校三年生で、骨髄性白血病で入院していたのです。ずっと抗がん剤を注入していて、髪の毛は全部抜けているので毛糸の帽子を被っていました。無菌状態にするために、テントのようなものの中のベッドにいるのです。それには手を入れる穴だけ開いていました。お母さんから、「この子のために祈ってください」と言われたので、わたしは来たのです。和也君は抗がん剤の注入が終わったばかりで、「ハァーハァー」と弱々しい状態でした。「つらいねえ」とわたしが声をかけると、「うん」と言って、全身で息をするのです。その時お母さんが、「和也君、痛いねえ。ママが代わってあげたいよ」と、先ほどのお母さんとまったく同じ言葉を言うのです。すると、和也君が「ママじゃ無理だよ。我慢できないよ。僕だから我慢できるんだよ」と言いました。わたしは、「和也君、立派だよ。ママじゃ我慢できないよね。和也君だから、我慢できるんだよね」と言いました。わたしは滅多に涙は出ないのですが、その時は文字どおり涙が吹きこぼれて、「ああ、和也君、偉いねえ」と言いました。和也君は、翌年二月に十歳で亡くなりました。

わたしはその和也君のことを、学校で生徒たちに話しました。「彼は、わずか十歳で亡くなったけど、本当に立派な一生だったよ」と。すると、生徒たちは感じやすい年頃ですから、皆すすり泣いているのです。わたしは、「和也君は、自分に与えられたものはプラスもマイナスも『これが、自分です』と引き受けて、十歳で亡くなったよ。それで、『ママはどうしてこんな自分に生んだんだ』とか、『ママが代われよ』とか言わなかった。『ママじゃ無理だよ、我慢できないよ。僕だから我慢できるんだよ』と言ったんだよ。その言葉を、皆もう一度かみしめてごらんなさい」と話しました。

自分の弱さを知っている人は、勇敢に自分の弱さを担っていくのです。それを忘れて、「ああでないから、こうでないから」とやり始めると、また、「あの人が健康で、あの人が長生きで」と言い始めるのです。そういう比べっこを、律法と言うのです。「この惨めなわたしだけれども、救われて、あります。イエス・キリストが、死に至るまで、しかも十字架の死に至るまで、ご自分を無にして従う者となってくださったおかげで、このわたしは救われたのです」。それを信じるのです。わたしが信じるから救われるのではないのです。「もう救われて、あるのだ」ということを信じるということです。その時、わたしは律法から卒業するのです。ぜひもう一度、自分に与えられている弱さを恵みとして捉え直していただければと思います。

まん丸で傷のない玉は、恵みの雨を全部弾き飛ばしてしまいます。傷だらけの玉は、傷だらけだからこそ、恵みは深くしみこむのです。抜けている者ほど、よく響くということです。

皆さんも、律法による比べっこではなく、感謝のうちに、自分は恵みによって救われていることを思い起こしてください。そして、「主よ、憐れみたまえ」を賛歌として唱えることを喜ぶ信徒でありたいと願って歩んでください。

パウロの宣教

京都司教区司祭　北村善朗

今日は、パウロの宣教において、パウロがどのように聖霊に導かれていったか、また聖霊に導かれるということはどういうことなのかを見ていきたいと思います。パウロの宣教を見るということは、人間として、またキリスト者としてのパウロの成長のプロセスを見るということでもあります。それは、わたしたち自身のキリスト者としての歩みを見つめていくことにもなるでしょう。

パウロの宣教活動の準備

パウロの宣教活動は、大きく、三回の宣教旅行と最後のローマへの旅に分けられます。しかし、第一回宣教旅行に先立って、パウロはダマスコとエルサレムで宣教したと使徒言行録9章に書かれています。それは、パウロがダマスコで復活されたイエスに出会った直後のことです。それまでキリスト者を迫害していたパウロが、復活されたイエスに出会い、キリスト者を迫害していた同じ熱心さをもって、「この人こそ神の子メシアである」と大胆に宣教を開始するのです。数日前までキリスト者を迫害していた者が、一転して熱心なキリストの信奉者になったのですから、ユダヤ教徒だけでなく、キリスト信者たちの間には戸惑いもあったでしょう。ダマスコでは、人々がそう簡単にパウロの宣教を受け入れたとは考えられません。

あれは、エルサレムでこの名を呼び求める者たちを滅ぼしていた男ではないか。また、ここへやって来たのも、彼らを縛り上げ、祭司長たちのところへ連行するためではなかったか。
（使徒言行録9章21節）

その後パウロはエルサレムにも行くのですが、結局ユダヤ人の反発を買い、ステファノの事件の後、何とかユダヤ教とうまく折り合っていたエルサレム教会のキリスト者からも疎まれて、最初の宣教は挫折に終わっています。

それを知った兄弟たちは、サウロを連れてカイサリアに下り、そこからタルソスへ出発させた。こうして、教会はユダヤ、ガリラヤ、サマリアの全地方で平和を保ち、主を畏れ、聖霊の慰めを受け、基礎が固まって発展し、信者の数が増えていった。
（9章30―31節）

この箇所を読んで分かるのは、パウロがいなくなったことで教会は平和になったということです。ユダヤ教徒だけではなく、キリスト者もパウロの取り扱いに困っていたのでしょう。この頃はまだパウロはサウロと呼ばれていました。そして、サウロは生まれ故郷のタルソスへ帰らざるをえなくなり、しばらく使徒言行録の表舞台からは姿を消します。

　サウロがダマスコで復活したイエスと出会ったのは、イエスの十字架刑の後の紀元三四から三六年頃であると言われています。そして、ヘロデ大王の死後（紀元四四年）、バルナバがサウロをタルソスに捜しに来て、アンティオキア教会の協力者として連れて行くという記述があります（11・25―26）。つまり、その間十年近い年月が経っていたということです。サウロが回心した後、エルサレムの使徒たちに会いに行ったものの誰からも相手にされなかった時に声をかけてくれた恩人が、このバルナバです。その十年間は、サウロが再び日の目を見るまで沈黙していた期間だったのです。

　第一回宣教旅行の途中からサウロはパウロと呼ばれるようになりますが、サウロがパウロに生まれ変わっていくためには、この十年間が必要だったということです。この期間のことについて、使徒言行録もパウロ自身も沈黙しています。パウロにとっては思い出したくない十年間だったのでしょう。少々の動きはあったかもしれませんが、日の目を見ない苦しい日々だったのではないでしょうか。この時代の十年というのは、寿命も今より短いので、かなり長いと言えます。

サウロはダマスコ途上で復活したイエスに出会いました。しかしその後も、キリスト者を迫害していた頃のサウロと、人間としての性根は変わってはいなかったのではないでしょうか。自分はユダヤ人の中のユダヤ人、ファイリサイ派であることに誇りを持っている、鼻もちならない自信家で、キリスト者を迫害していた頃の熱心さが、今度はキリストに向かっただけだったのかもしれません。律法の熱心な信奉者で、すべてを自力でこなし、自分は何でもできると信じていました。これが回心前、そして回心直後のパウロの姿でした。皆さんも洗礼前と洗礼後ではそれほど変わらなかったでしょう。それが当たり前です。サウロは、タルソスでの失意の日々の中、ダマスコ途上での主との出会いは幻だったのだろうか、洗礼を受けて聖霊に満たされたではないか（9・17―18）と自問自答の繰り返しだったかもしれません。しかし、自分の力ではその状況からどうしても出ることができない。それがタルソスでの日々だったでしょう。

聖霊は、そのサウロをじっくりとパウロに変容し、その時を待っていたのでしょう。タルソスでの十年間の後、そこにバルナバがサウルを捜しにやって来ます。それは無駄な時間ではなく、宣教に出ていくための必要な時間だったのです。このように、聖霊はサウロをパウロに変えていきます。このプロセスこそが聖霊の働きです。聖霊は出来事を通して働いておられるのです。わたしたちも自分の力で何かができると思いがちです。しかし、わたしの内なる聖霊が、わたしたちの中で、その時を待ち、何かをしてくださっているのではないでしょうか。

サウロはイエスと出会ったあと、意気揚々として宣教に乗り出そうとしましたが、その彼の計画、熱意は、人々の反対に直面することになり、結局、生まれ故郷のタルソスへ帰らなければならなくなりました。そして、そこでの十年という長い期間、生活のために細々と働く以外はほとんど何もしないで過ごさなければなりませんでした。結果的に、この無駄と思える時間を過ごすことがサウロに課せられたのです。これが聖霊のやり方です。

第一回宣教旅行

その後バルナバがサウロをタルソスに捜しに来て、サウロがアンティオキアの教会で奉仕するようになって一年が経ちます。その間にユダヤ地方で飢饉《ききん》が起こり、バルナバとサウロはエルサレムに献金を届けています。そのときに、バルナバは従弟のマルコをアンティオキアに連れ帰ったという記述があります（12・25）。このマルコが、後にパウロにとって鍵ともなる人物であり、福音史家のマルコです。

当時、アンティオキアの教会はエルサレムの教会に次いで主要な教会でした。それまではユダヤ人だけを宣教の対象にしていましたが、ユダヤ人以外の人々にも神のみことばが語られ、異邦人の宣教拠点となっていたのが、アンティオキアの教会だったのです。すでにペトロが異邦人への宣教を始めていましたが、ユダヤ人への宣教をベースとしながらも、異邦人への宣教へと開かれていくのは、アンティオキアの教会からだということです。アンティオキアの教会が異邦人への宣教へ向かっていく様子が13章に描かれています。

アンティオキアでは、そこの教会にバルナバ、ニゲルと呼ばれるシメオン、キレネ人のルキオ、領主ヘロデと一緒に育ったマナエン、サウロなど、預言する者や教師たちがいた。彼らが主を礼拝し、断食していると、聖霊が告げた。「さあ、バルナバとサウロをわたしのために選び出しなさい。わたしが前もって二人に決めておいた仕事に当たらせるために。」そこで、彼らは断食して祈り、二人の上に手を置いて出発させた。聖霊によって送り出されたバルナバとサウロは、セレウキアに下り、そこからキプロス島に向け船出し、……。（13章1―4節）

これがパウロの第一回宣教旅行の始まりです。その特徴は、聖霊が呼びかけ、聖霊が派遣するということです。この宣教旅行でイニシアチブを取っているのは、バルナバでもなく、サウロでもなく、聖霊です。

キプロス島ではローマ総督の回心があり、そこでサウロの名前がパウロに変わっています。その後ペルゲに着くと、バルナバの従弟のマルコがエルサレムに帰ってしまうという出来事が起こります（13・13）。それから、ピシディア州のアンティオキア、イコニオン、リストラ、デルベに向かい、そして通って来た町をまた通って、町ごとに長老（今でいう司祭）を任命し、アンティオキアに帰りました。そして、どこでも同じような出来事が決まりきったように繰り返されました。

す。それは、会堂でのユダヤ人相手の宣教、その中のある人々の回心、大多数のユダヤ人の反発、同時に異邦人への宣教と彼らの回心、それをねたんだユダヤ人の騒動と迫害を受けての出発、これはパウロの宣教の基本的なパターンです。これが使徒言行録の中で繰り返されます。リストラでは、パウロはユダヤ人から石打ちに遭い、死んだと思われて町から引きずり出されるという出来事が起こります。このリストラでの迫害という出来事を通して、その後パウロの生涯の協力者となるテモテを得ることになります。このようにパウロの宣教は、人間的に見れば、初めから挫折、失敗、困難の連続でした。決して何千人もキリスト信者になったという華々しいものではありませんでした。

この第一回宣教旅行の特徴は、聖霊がイニシアチブを取られたということです。聖霊の導きに従うときには必ず、人々の反対や嫌がらせ、迫害など外から困難が起こってきます。しかし同時に、いろいろな困難はあっても、心の深み、根底に喜びがあるのです。それが、アンティオキアに戻ってきたときのパウロの報告に表れています。

ペルゲで御言葉を語った後、アタリアに下り、そこからアンティオキアへ向かって船出した。そこは、二人が今成し遂げた働きのために神の恵みにゆだねられて送り出された所である。到着するとすぐ教会の人々を集めて、神が自分たちと共にいて行われたすべてのことと、異邦人に信仰の門を開いてくださったことを報告した。（14章25―27節）

また、今回の訪問地のピシディア州のアンティオキアで、ユダヤ人から迫害され、やはり町を出なければならなくなったのですが、「弟子たちは喜びと聖霊に満たされていた」（13・52）と記されています。これが第一回宣教旅行なのです。

第二回宣教旅行に先立って――エルサレム使徒会議

それまでのペトロの宣教、またパウロの第一回宣教旅行において、ユダヤ教徒ではない異邦人が神のことばを聞き、キリスト者になっていくという出来事が起こりました。その異邦人をどのように受け入れていくかをめぐって問題が起こり、そのための会議がエルサレムで開かれます。それは、ユダヤ教の律法を遵守することが必要かどうかということでした。

ペトロもすでに、カイサリアの百人隊長コルネリウスとの出会いを通して、「神は人を分け隔てなさらないことが、よく分かりました。どんな国の人でも……神に受け入れられるのです（10・34―35）」と述べています。このことは今では当たり前のことですが、当時は自明のことではなかったのです。

パウロが第一回宣教旅行を終えてアンティオキアに帰ってきた後、エルサレム教会からある人々がやって来て、改宗した異邦人たちに対して、「モーセの慣習に従って割礼を受けなければ、あなたがたは救われない」（15・1）と教えました。それがきっかけとなり、アンティオキア教会とエルサレム教会から来た人々との間で激しい論争が起こります。エルサレム教会では、皆がユダヤ人であったので、律法の遵守という点においては問題になりませんでした。彼らはイエスを救い主として受け入れていても、敬虔なユダヤ教徒としての生活を守っていたのです。しかし、異邦人がイエスの福音を受け入れていくようになると、彼らが信者になるためには律法を守るべきかどうかが大きな問題となってきたのです。それで、バルナバとパウロはエルサレムに上り、そこで使徒会議が開かれます。その会議で、キリストの福音を受け入れた異邦人には何が必要であるかが議論されていきます。

この会議の中で、ペトロ、パウロ、バルナバは、異邦人がイエスの福音を受け入れたことを力強く宣言しました。ファリサイ派の出身であるパウロは、以前は律法の遵守に関して誰よりも熱心でした。しかしその時、パウロは自分の回心の体験によって、人が義とされるのは律法の遵守によるのではなく、神の憐れみによるのだということに、心の深みにおいて気づいていたのです。そのことがパウロにとって自明の理となるためには、彼の中で神の恵みがゆっくりと浸透していく時間が必要でした。このエルサレム会議において、異邦人への宣教における原則が確認され、使徒教令として発布されます。それは簡単に言えば、ユダヤ人以外でキリスト者となった人には律法を守らせる必要がないということです。「聖霊とわたしたちは、次の必要な事柄以外、一切あなたがたに重荷を負わせないことに決めました」(15・28)。

これは、摂理的に異邦人宣教に関わることになったパウロやバルナバにとって大きな光となります。彼らの宣教活動が教会からの肯定であり、律法の遵守を旨とするファリサイ派出身であるパウロにとって、異邦人への宣教についての一つの大きな照らしとなりました。パウロには内的な照らしによって、異邦人の宣教はこれでいいのだという確信があったかもしれませんが、それが教会の権威において確認されることが必要だったと思われます。

同時にまた、エルサレム会議の決定は、イエスがユダヤ人の救い主であるだけではなく、全人類の救い主であるという確認であり、キリスト教がユダヤ教の枠組みを超えて、世界宗教、普遍宗教へ変容していく決定的な出来事となったのです。聖霊が、このような一連の出来事を通して働いておられるということです。

エルサレム会議の決定を携えて、パウロとバルナバはアンティオキアに帰っていきます。新しい宣教への期待と計画に胸を膨らませている様子が、使徒言行録から読み取れます。

数日の後、パウロはバルナバに言った。「さあ、前に主の言葉を宣べ伝えたすべての町へもう一度行って兄弟たちを訪問し、どのようにしているかを

見て来ようではないか。」（15章36節）

こうして第二回宣教旅行が始まります。第一回宣教旅行でイニシアチブを取ったのは聖霊でした。しかし、今回イニシアチブを取るのはパウロです。その結果起こったことは、パウロとバルナバの衝突です。外から来る困難ではなく、内輪から来る対立、分裂が起こったのです。

第二回宣教旅行の始まり――バルナバとの決別

バルナバは、立派な人物で聖霊と信仰に満ちた人として紹介されています（11・24）。ダマスコ途上でイエスと出会い、回心に導かれたパウロが、エルサレム教会の人々から信用されず受け入れられなかったとき、手引きをしたのはバルナバでした。また、タルソスに引きこもり、どん底状態にあったパウロのところへ訪ねて来て、アンティオキアに連れ帰ったのもバルナバでした。パウロにとってバルナバは、誰も自分を助けようとしない苦しい状況にあったときに手を差し伸べてくれた人、彼の信仰の資質を見抜き理解してくれた友人、宣教の大先輩でした。バルナバは、パウロにとって生涯の恩人であり、かけがえのない大切な人だったのです。

しかし、パウロが宣教のイニシアチブを取ろうとした直後、問題が起こってきます。

バルナバは、マルコと呼ばれるヨハネも連れて行きたいと思った。しかしパウロは、前にパンフィリア州で自分たちから離れ、宣教に一緒に行かなかったような者は、連れて行くべきでないと考えた。そこで、意見が激しく衝突し、彼らはついに別行動をとるようになって、バルナバはマルコを連れてキプロス島へ向かって船出したが、一方、パウロはシラスを選び、兄弟たちから主の恵みにゆだねられて、出発した。（15章37―40節）

二人の対立の直接の原因は、第一回宣教旅行で助手として連れて行った、バルナバの従弟でもあるマルコと呼ばれるヨハネを連れて行くかどうかでした。マルコはバルナバの親戚でしたから、バルナバは少し大目に見ていたかもしれません。確かに、マルコは第一回宣教旅行の途中でエルサレムに帰ってしまいます（13・13）。理由は書かれていませんが、若いマルコは厳しい宣教旅行について行けなかったのかもしれません。妥協を許さないパウロの性格から見ると、マルコは軟弱で、協力者としてふさわしくないと思えたのでしょう。それで、「意見が激しく衝突した」とあります。それで二人はけんか別れとなり、バルナバはマルコを連れて生まれ故郷のキプロス島に船出し、その後消息を絶ちます。一方、パウロはシラスと共にシリア、キリキアに向かいます。

バルナバとの決別の意味

バルナバとパウロの決別の意味は何だったのでしょうか。同伴者をめぐっての意見の相違という理由で、長年にわたって友情を深めてきた二人がこれほど劇的に決別するということがあるでしょうか。ある聖書学者たちは、バルナバとパウロの決別は、実はマルコをめぐってのことではなく、ユダヤ人キリスト者と異邦人キリスト者の問題があったのではないかと言っています。エルサレムからアンティオキアに派遣されて来たバルナバは、異邦人キリスト者の存在を認めながらも、律法の遵守を強調するエルサレム教会との関わりも大切にしていたと考えられます。それに対してパウロは、一貫して律法はもはや不要であると主張し、イエスの救いへの信頼を強調していきます。ですから第一回宣教旅行の途中から、バルナバとパウロの間にギクシャクした空気が流れ始めていたのではないかと思われます。

歴史の流れとしては、七〇年のエルサレム陥落と共に、エルサレム教会は歴史の舞台からは消えてしまいます。そして、パウロの方向性が後の教会の動きとなっていきます。歴史がそのように動いたのは、聖霊がそのように働いたからだと言っていいでしょう。しかし、だからといって、パウロのほうが正しく、バルナバは間違っていたと短絡的に考える必要もありません。むしろ現実には、第一回宣教旅行のように聖霊がイニシアチブを取られるのではなく、パウロ自身がイニシアチブを取ろうとしたことによって起こった対立を、聖霊が使われたということではないでしょうか。

第一回宣教旅行においては、聖霊が主導権を取っておられ、パウロもバルナバも聖霊の導きに従っていたので、外的な困難はあったとしても、どちらが主導権を取るかというような問題はありませんでした。聖霊に代わって、自分が主人公になろうとしたとたんに、内輪での対立、分裂が起こったのでしょう。

しかし、事は起こってしまい、歴史はそのように動いていきました。もし、ここでバルナバとパウロが決別しなければ、その後の教会はどうなったでしょう。しかし、現実になかったことを想定すること自体、あまり意味がありません。わたしたちもよく過去の出来事を振り返り、「もし、あのことがなかったら」とか、「もし、あの時こうしていたら」と考えて、くよくよすることがあります。しかし、過去はもう過ぎ去ってしまったことであり、過去を変えることはできません。事実として起こってしまった出来事によって、歴史はそのように進み、結果的に新しい状況が生み出されていくのです。それは、いかなる状況からも、またどんなに過酷な現実からも、神は善を導き出すことができるということです。

実際、第二回宣教旅行では、パウロのイニシアチブによって、パウロの宣教計画、つまりパウロの「我」というものが前面に出てくるのです。実はパウロと聖霊との戦い、これが第二回宣教旅行のテーマであるとも言えます。バルナバとの決別は、パウロにとって苦い出来事となり、二人に大きな傷を残しました。その後、パウロとバルナバは会うことも和解することもなかったのです。

わたしたちの人生も同じです。人生は、わたしたちにとって思うようには展開しません。不透明、不条理なこともあります。わたしたちは生きていく中で、失敗や挫折、取り返しのつかない出来事、裏切りや罪を体験します。そのようなことは誰も望まないのですが、生涯避け続けることもできません。そのような状況をどのように生きていくかが、わたしたちに問われるのです。パウロ自身は、そのような状況の中でどのように聖霊に導かれる者になっていったのでしょうか。

第二回宣教旅行における困難

パウロの第二回宣教旅行は、バルナバとの決別という苦い出来事で始まりました。次に直面した困難は、彼がイニシアチブを取って立てた宣教計画を、聖霊が妨げるという出来事です。

さて、彼らはアジア州で御言葉を語ることを聖霊から禁じられたので、フリギア・ガラテヤ地方を通って行った。ミシア地方の近くまで行き、ビティニア州に入ろうとしたが、イエスの霊がそれを許さなかった。それで、ミシア地方を通ってトロアスに下った。（16章6―8節）

「聖霊が禁じる」、「イエスの霊が許さない」ということはどういうことでしょうか。パウロは、アンティオキアから街道を西へ進み、地中海沿岸からアジア州に行こうとしますが、何らかの理由でそれができませんでした。ある聖書学者によると、その理由はパウロの持病、あるいはマラリアに感染していたのではないかということです。マラリアは、マラリア蚊を媒介としてかかる伝染病ですから、地中海沿岸の湿気の多い低地よりも、高原地帯の空気の乾燥している所の方が治りやすいということかもしれません。彼らは、北へと進み、フリギア、ガラテヤ地方に行くことになります。このときのガラテヤでの宣教については、ガラテヤ書の中で次のように述べられています。

知ってのとおり、この前わたしは、体が弱くなったことがきっかけで、あなたがたに福音を告げ知らせました。そして、わたしの身には、あなたがたにとって試練ともなるようなことがあったのに、さげすんだり、忌み嫌ったりせず、かえって、わたしを神の使いであるかのように、また、キリスト・イエスででもあるかのように、受け入れてくれました。（ガラテヤ4章13—14節）

ここで、病気がきっかけとなってガラテヤでの宣教が行われたことが暗示されています。パウロがガラテヤに何回行ったかははっきり分かりませんので、これが第二回宣教旅行での出来事であるとは言い切れません。しかし、「体が弱くなったことがきっかけで」と言っているので、これはパウロの計画にはなかったことだと推定されます。また、「わたしの身には、あなたがたにとって試練ともなるようなことがあったのに」という記述からも、何らかの難しい病気であった可能性が考えられるのです。

パウロのガラテヤ宣教は、彼の計画ではない、つまり彼の何らかの困難がきっかけでなされました。言い換えると、彼の状況がなければ、ガラテヤ地方での宣教はなかったということになります。パウロが望みもしなかった状況によって、ガラテヤに静養に行かざるをえなくなり、結果として、そこでキリストの福音が宣べ伝えられ、しかも豊かな宣教の実りがもたらされたのです。パウロの計画ではないところに神のご計画があったということです。そのために、聖霊がアジア州での宣教を禁じたのです。

その後、パウロはガラテヤ地方から西への道をたどり、ミシア地方に通じるルートに入り、ビティニア州に入ろうと計画しましたが、再びイエスの霊がそれを妨げます。それで、ミシア地方を通ってトロアスに行くことになります。ここで、さらに聖霊がパウロの計画を妨げるということが起こります。その理由が何であるか分かりませんが、結局パウロの宣教計画は二度にわたって挫折します。そしてパウロがたどり着いたトロアスは、有名な古代都市トロイの南十八キロの所にある港町で、宣教の拠点となるような特別に重要な都市ではありませんでした。しかし、この二度目の挫折、つまり自分が望みもしなかったトロアスに来るという出来事が、キリスト教が西欧社会にもたらされる契機となったのです。

（トロアスに着いた）その夜、パウロは幻を見た。その中で一人のマケドニア人が立って、「マケドニア州に渡って来て、わたしたちを助けてください」と言ってパウロに願った。パウロがこの幻を見たとき、わたしたちはすぐにマケドニアへ向けて出発することにした。マケドニア人に福音を告げ知らせるために、神がわたしたちを召されているのだと、確信するに至ったからである。（16章9―10節）

こうして、パウロはアジア大陸とヨーロッパ大陸を隔てている海峡を渡り、ヨーロッパへの宣教の第一歩を踏み出すのです。聖霊は、パウロの計画を妨げることによって、神のみことばを宣教していかれます。病気など起こった出来事や状況を通して、聖霊は働かれるということです。これが聖霊のなさり方で、聖霊の導きは人間の計画をはるかに超えています。そのときのパウロたちの反応は何も記されていませんが、たぶん彼の性格から考えると大変なことだったでしょう。パウロには、聖霊の導きへの柔軟さが求められたのです。あのパウロでさえ聖霊は従わせていくのです。

そしてこの16章から、使徒言行録の主語が「わたしたち」に変わっていきます。この「わたしたち」とは誰でしょうか。パウロとシラスやテモテ、そして使徒言行録の著者であるルカでしょうか。聖書学的にはいろいろな解釈がありますが、この「わたしたち」こそ、使徒言行録の真の主人公である聖霊、そして聖霊によって導かれ、聖霊と共に働いている使徒たちではないでしょうか。このように、パウロの宣教計画が挫折したときから、主語が「わたしたち」になっていくのは興味深いことです。

このようにして、ヨーロッパへの宣教がなされていきました。この宣教がなければ、今日わたしたちが神のことばに触れることも、ここに集まって神のことばを聞くということもなかったでしょう。歴史はそのように動いたのです。

わたしたちが自分の考えややり方に固執し、それを無理にでも推し進めようとするとき、これはうまくいくだろうか、これでいいのだろうか、人からどう思われるだろうかなどと内的には不安になります。しかし、聖霊の導きに従うとき、パウロの第一回宣教旅行がそうであったように、「外から来る困難や苦しみ」があるとしても、いつも「心の深みには平和と喜び」があります。何かをしようとする時、どんなに困難な状況であっても、問題が山積していても、聖霊の導きに従っているのであれば、わたしたちの心の深みに平和があります。その反対に、どんなに外見的にうまくいっていて華々しい成功を収めているとしても、心の深みに平和がなければ、それは聖霊に従っているのではないということです。

聖霊に導かれて——パウロの最後の旅

人間的に見ると、パウロが自分から宣教のイニシアチブを取っていったことは、積極的でよいことではないかと思われるかもしれません。しかし、宣教を行っていかれる主体は聖霊です。パウロはそのことがなかなか分からなかったのではないでしょうか。パウロの中で、古い人は依然として存在していたということでしょう。これが、パウロが生涯闘わなければならない内的な律法主義であったと言えるでしょう。エルサレム使徒会議で自分たちの宣教のあり方が教会によって認められた時、それはパウロの自信となり、彼の中で古い人が頭をもたげてきたのです。

パウロの宣教を見ていくと、パウロもやはり自分の思いというものから自由ではなかったのです。パウロは回心のあとも、自分の計画、自分のやり方によって、自分こそがイエスを宣べ伝えているのだという自負心がありました。これが、パウロの新しい「自分のやり方という律法主義」だったのです。回心のあとのタルソスでの十年の歳月は、まさにパウロの律法主義、古い人から新しい人への変容のときでした。しかし、それだけで十分ではなかったのです。パウロの本能的な行動パターンや基本的な価値観は、回心以前の律法主義が基礎となっていて、その後の彼の生き方、存在に色濃く影響を残していました。それが第二回宣教旅行の始まりに当たって、自分が宣教のイニシアチブをとるという姿勢となって表れ、バルナバとの対立と決別を引き起こしました。そして聖霊による宣教計画の妨げということが起こってきたのです。

つまり、回心とタルソスでの変容の日々があったパウロでしたが、本能的に自己にこだわり、自分が計画を推し進め、自力にこだわるという律法主義的傾向から完全な意味で自由ではありませんでした。エルサレム会議で自分のやり方が認められ、自信を持っているパウロを、神は打ちに来られたということです。

確かに、実際の宣教の業を行うのは、イエスから宣教の使命を託された教会共同体であるわたしたちです。しかし、宣教は「霊の力によって」行うのであって、司教、司祭、修道者、信徒であるわたしたちの才覚や能力によるのではありません。わたしたちが自力で福音宣教することに頼るなら、それは、「わたしの信仰」や「わたしの宣教」が新たな律法になってしまいます。わたしたちは神から福音宣教を託されてはいますが、神の道具でしかありません。それなのに、わたしたちはそのことを忘れ、自分が宣教しているのだと錯覚してしまいがちです。パウロもそうでした。パウロは、自分に現れてくださったイエスが、寛大に「わたしの宣教」を助けてくださると信じていました。しかし、どんなにすばらしく、完全な計画であったとしても、それはパウロの立てた自分の計画でしかなかったわけです。わたしたちは現場でいろいろと計画を立てていかなければなりません。それは必要ですが、わたしたちはその計画がうまくいくことにとらわれてしまいます。そのことが「律法」になってしまうのです。わたしたちは、自分の中で何が律法となっているのかを見つめることが大切ではないでしょうか。

パウロはガラテヤで宣教のあと、第三回宣教旅行に行きますが、その時にガラテヤの信徒へ手紙を書いています。その中で「人は律法の実行ではなく、ただイエス・キリストの信仰によって義とされる」（ガラテヤ2・16）（注　この箇所は、伝統的には「イエス・キリストへの信仰」と訳されているが、原文は「イエス・キリストの信仰」である）と言っています。ここまで言い切るにはかなりの時間が必要でした。

「わたしたちが義とされる」ということは、「神との親しい関わりに入る」、救われるということです。それは、わたしたちが何か実行することによってではなく、また、わたしたちの信仰があるかないか、深いか浅いかによるのでさえなく、ただイエス・キリストの信仰、つまりイエスの忠実によるのであるということです。わたしたちはイエスの十字架による贖い、イエスの救いの約束、イエスの御父への忠実によってすでに救われているのです。わたしたちが信じることによって救われるのではありません。わたしたちがすでに救われていること、それを信じるのです。これが福音です。多くの人がこのことを勘違いしていて、救われるために躍起になっています。すでに救われているのに救ってくださいと願うのは、なんと愚かなことでしょう。

日本の鎌倉仏教の中で、法然、親鸞が出てくるまでは、極楽に行くために、つまり極楽往生の修行として念仏を唱えていました。しかし親鸞は、すでに阿弥陀如来の本願によって救われていることへの感謝として念仏を唱えるのだと説いていきました。そこで視点が大転換されてきます。この教えは既成仏教からの大きな攻撃を受け迫害されます。親鸞が説くことは、わたしたちが救われるのは、わたしたちが信じるとか、念仏を唱えることによってではなく、阿弥陀様の救いの約束（本願）による。だから、わたしたちはすでに救われているのだということです。パウロも同じことです。イエスによって、人間から神へと視点の大転換がなされていきます。それを体験したパウロはそのことを証ししていきます。人間が視点になっているときは、これで救われるだろうか、地獄に行くのではないだろうかといつも不安で、より信心深く熱心になります。

逆に神に根拠を置くと、安らかになります。パウロが自力で頑張っていたとき、これでいいのかという思いで常に不安でした。キリスト者を熱心に迫害したのもそうです。わたしたちが自力で信じているとき、これで救われているのかどうか分からないので、もっと熱心になるのと同じです。一生懸命にやればやるほど、満たされない思いが募り、いろいろなことが空回りします。

第一回宣教旅行の時、パウロは聖霊がなさることに委ね、大きな平和と喜びに満たされていました。だからこそ第二回宣教旅行の時は、聖霊はパウロの計画を壊しに来ることを通して、パウロが聖霊の働きに委ねることができるように導いていかれたのです。その後、パウロの第三回宣教旅行、そして最後に捕虜としてローマへの旅に出るときに、パウロはもはや自分からイニシアチブを取ることができなくなります。

第三回宣教旅行のミレトスで、エフェソの長老との別れの時、パウロは次のように言っています。

> そして今、わたしは、〝霊〟に促されてエルサレムに行きます。そこでどんなことがこの身に起こるか、何も分かりません。ただ、投獄と苦難とがわたしを待ち受けているということだけは、聖霊がどこの町でもはっきり告げてくださっています。（20章22―23節）

パウロはエルサレムで逮捕されて、捕らわれの身になります。自らの自由を失い、捕虜の身になるという出来事を通して、聖霊に縛られ、聖霊に導かれたままになることをパウロは受け入れざるをえなくなっていきます。そのような状況におかれるという出来事を通して、パウロは聖霊に導かれることが何であるかを体験していくのです。これが聖霊の教育だと言えます。捕虜になっているという外的な苦しみはあっても、イエスの受難にあずかっているのだという深い内的な喜びにパウロは満たされていくのです。こうして、パウロは真のキリスト者、キリストの弟子、キリストの福音宣教者、喜びの使徒となっていったのでしょう。

最後に、テモテへの手紙の言葉を紹介しましょう。これはパウロが獄中で書いたと言われる箇所です。

　この福音のためにわたしは苦しみを受け、ついに犯罪人のように鎖につながれています。しかし、神の言葉はつながれていません。（二テモテ2章9節）

自分はキリストのため囚《とら》われの身となっていて、それは苦しいけれど、それによって神のことばが伝わっていくのだというパウロの内的な確信と喜びが感じられます。イエスはご自身が囚われの身となり、自分の受難と死をもって最後の宣教をなさいました。そのイエスに自分はあずかっている、そのイエスと一つになっているのだという内的な喜びが、パウロにはあるのです。

わたしたちは、何かをすることによってではなく、聖霊の導きに柔軟に応えていくことによって、これでなければならないという囚われから解放されます。パウロは律法の囚われから解放され、聖霊に捕らえられていくとき、真の意味での福音宣教者とされていきました。これこそがパウロの宣教の核心であり、わたしたちにとっても真実ではないでしょうか。わたしたちの人生にはいろいろな出来事がありますが、その出来事を通して聖霊は働いておられます。わたしたちが聖霊の導きに信頼して生きようとすれば、おのずと神のみことばは伝わっていくのです。そのことに対する信頼をパウロは生涯かけて学んだのです。

パウロは、まさに自分の律法主義から解放され、聖霊に導かれるままになっていくという歩みを通して、何ものによっても奪われない、イエス・キリストによって救われている喜びを体験し、人々と分かち合いました。それによって神のみことばが伝わっていったということです。これがパウロの宣教です。ですから、わたしたちも「福音宣教など大それたことはできません」などとは言えないのです。

わたしたちが聖霊の導きに従って生きるならば、すべては神がしてくださる。そのことに大きな信頼を置く。それがわたしたちの福音宣教だと言っていいでしょう。このことをパウロの福音宣教を通して味わえたらと思います。

パウロの受難

聖パウロ修道会司祭　鈴木信一

『使徒言行録』におけるパウロ

今年のシリーズは「聖霊に導かれて——使徒言行録を読む」ということですが、その中で今日は「パウロの受難」がテーマになります。

使徒言行録を読むとき、理解しようとするときに「パウロの受難」という視点に立って読む人は、まずいないでしょう。今年のシリーズのタイトルである「聖霊に導かれて」、これは分かります。もう皆さん、お気づきになっていると思いますが、使徒言行録には一貫した主人公はいません。最初にペトロが出てくるかと思うと、その次にステファノが出てきて殉教があって、そして今度はサマリアにくるとシモンが出てきて、13章以降にやっとパウロが登場してきます。わたしも最初に読んだ時に、主人公がいないではないかと驚きました。ずっとペトロが主人公のつもりで読んでいたら、途中からペトロの姿がすっと消えてしまいます。後半になると、パウロがどんどん出てきます。使徒言行録はいったい誰が主人公なのでしょうか。

それが、今回のシリーズのタイトルを見て、聖霊が主人公なのだと分かるわけです。聖霊が主人公なのだと。聖霊の手足となって、道具となって、それぞれが自分の持ち場でもって働いていく。そうやって福音が広がっていく様をルカは描こうとしたことが分かるわけです。このことの要約が使徒言行録の1章8節に書いてあります。

あなたがたの上に聖霊が降ると、あなたがたは力を受ける。そして、エルサレムばかりでなく、ユダヤとサマリアの全土で、また、地の果てに至るま

で、わたしの証人となる。　　　　　　　　（1章8節）

ここに、この使徒言行録の地理的な展開がすでに書かれているわけです。エルサレムから始まって、ユダヤ、サマリア、そして最後には地の果てに至るまで、当時これを代表するのがローマです。ルカは最初から、このように福音が展開していくことを念頭において使徒言行録を淡々と書いていったのです。

そんな中にあって、わたしたちが今日見るパウロは13章以降に集中的に出てきます。13章以降、ローマまでこの福音の広がりを引っ張っていくのがパウロの役割です。ただし、それは必ずしも彼の意図に従ったものではありません。皆さんご存じのように、パウロがローマに行くのは宣教をしに行くということではありませんでした。囚人として護送されてローマに運ばれるという形でした。これもある意味で、受難です。苦しい状況です。そういう強制的な状況を通して、福音が広がっていったということをルカはわたしたちに書き記していると言えるでしょう。そこで、13章に入る前にパウロがどのように取り上げられているか、あらかじめ見ておきましょう。

『使徒言行録』におけるパウロ（サウロ）の登場箇所

使徒言行録で一番最初にパウロが言及されるのが7章58節、ステファノの殉教の時です。人々が熱狂してステファノに石を投げ始めた時に着ていたマントをある青年の足元に置いた、その青年がサウロだったという記述です。ここから迫害者としてのパウロが誕生していきます。8章1節から3節のところで、彼が大胆に、激しくキリスト教徒を迫害していきました。そして9章に入るとそのサウロに回心が起こります。この回心の出来事は、当時の人たちにとっては大きな励まし、慰めになったことでしょう。苦しい状況の中にあって、あのような迫害者でさえ主の力によって宣教者へと変えられていく。こういう思いがあったので、このパウロの回心は使徒言行録の中には三回語られています。最初に登場してくるのがこの9章、そして22章、最後が26章というように、三回繰り返されていきます。

この回心以降、今度は宣教者としての、キリスト者としてのパウロが始まります。まず9章の後半に入ると、ダマスコにおいて宣教を開始していくパウロの姿があります。そして次に今度はエルサレムに場所を移動して宣教していきます。そして最後は自分の故郷であるタルソスに戻る。なぜタルソスに戻るのでしょうか。わたしはこう思います。回心して情熱にあふれるパウロですが、宣教者としては、まだ成熟していなかったのです。パウロの熱心さは分かります。ダマスコで熱心に福音を語った、イエスを語った。結果、どうなったでしょうか。敵意を生じさせるだけです。反発を生じさせるだけです。教会自体が危険に陥れられるわけです。そういうわけでパウロはエルサレムへ行きます。エルサレムに行ってどうだったでしょうか。パウロは熱心に語りました。しかし、同じようなことが起こりました。そこで当時の教会の責任者たちは、青年パウロの熱心さは分かるが、宣教者としては未熟だと判断しました。だから故郷に帰ることになったのです。彼が経験のある宣教者であったならば、このような宣教はしないはずです。彼はタルソスに戻った、使徒言行録はそれ以上は書きません。

その次に登場してくるのが11章です。バルナバが出てきます。バルナバはパウロのことを覚えていました。あの熱心な、あの情熱にあふれる青年のことを覚えていました。そして、きっかけはアンティオキア教会です。アンティオキア教会において、異邦人宣教を組織的に展開するという機運が高まり、バルナバはタルソスに行ってパウロに異邦人宣教を一緒にするよう呼びかけます。こうして彼をアンティオキアの教会へと導くわけです。

　最初はきっと、足りないところや学ぶところもたくさんあって、まだ教師と言われるような立場ではなかっただろうと思います。最初にパウロがダマスコで主の光を受けたとき、すべてが分かったわけではないのです。あのときに分かったのは、「自分が迫害しているのが主である」、これだけです。主がどんな人なのか、どんな生き方をしたのか、どんな教えが中心なのか知りもしないし、何も分からなかった。そういうパウロだったと思います。しかし「わたしの主はイエスだ、わたしが迫害していたイエスこそ、わたしの主だ」というところから、パウロのゼロからの学びが始まるのです。彼は情熱的な人だったので、学ぶ力は人一倍ありました。どんどんと学んで、どんどんキリストへの思いを深めていったのです。なぜこのように言えるかというと、パウロが書き残した手紙です。あの手紙を見れば、どれほどパウロが深めたか分かります。確かにパウロが教会を通して受けた福音というのはありますす。しかし、それはほんの少しです。あとは自分の中でそれを深め、生活の中で深め、思索の中で深め、そしてそれを手紙に表していき、人々に伝えたのです。パウロはゼロから出発したけれども、気がつくと、リーダーのようになっていたのです。

そして異邦人宣教というこの活動が始まるにあたり誰を派遣しようかという時に、バルナバとパウロを派遣しよう、と言われるまでに彼は成長していったのです。彼をこのように引っ張っていったのがバルナバです。

そして13章になると、いよいよパウロの宣教活動が始まります。この根底にあるのはアンティオキア教会における宣教活動です。そこでパウロが起用されて動き始めるところを見てみましょう。

アンティオキアでは、そこの教会にバルナバ、ニゲルと呼ばれるシメオン、キレネ人のルキオ、領主ヘロデと一緒に育ったマナエン、サウロなど、預言する者や教師たちがいた。彼らが主を礼拝し、断食していると、聖霊が告げた。「さあ、バルナバとサウロをわたしのために選び出しなさい。わたしが前もって二人に決めておいた仕事に当たらせるために。」そこで、彼らは断食して祈り、二人の上に手を置いて出発させた。（13章1―3節）

こうしてわたしたちが知っている第一回宣教旅行、第二回宣教旅行、そして第三回宣教旅行が展開されていくわけです。その起点になっているのは、いつものアンティオキアの教会です。第三回宣教旅行の終わりのところで、彼はエルサレムに着いた時点で逮捕されます。そこで投獄されて、皇帝に上訴したために最終的にはローマに護送されます。ローマで二年間軟禁生活を送ることになります。そのことが淡々と語られていきます。

ルカの「受難」理解（ルカの視点とパウロの視点）

わたしたちがテーマとして見るのは、パウロの宣教活動にはいつも受難があった、苦しみの連続だったということです。これをテーマとしてもう少し深めてみましょう。このテーマで面白いのは、パウロは使徒言行録に書かれているだけではなくて、パウロ自身がこの苦しみについて自分の体験を手紙に書いているということです。使徒言行録はルカの視点でパウロの受難を描いています。一方、パウロは自分の個人的な体験としてこれだけ苦しかった、この苦しみの中でわたしはこんなふうに考えた、気づかされたということを語っているのです。個人的な体験は、ルカには語れません。ルカが持っている大きな視点というのは、初代教会の歴史です。聖霊に導かれて、教会という組織が歴史の中でどのように展開していくかということをルカは書くわけです。その中にはどうしようもない苦しみがたくさんありました。実は、パウロの苦しみだけではないのです。よく知っているのがステファノの殉教です。あれが苦しみでなくて、受難でなければなんでしょうか。

ルカはそのことを意識しています。結論を言いますと、ルカはこういう気持ちです。「恵みがあるから苦しみがなくなるのではない。聖霊に導かれているこの教会は苦しみを通して、受難を通してそれを乗り越えて広がっていくのだ」。これがルカの視点です。その考えで見てみると、ステファノは殉教し、パウロは俄然、迫害者として登場してきます。そして信徒たちは恐れて散っていく。主だった者はエルサレムにとどまりますが、その他の人たちは迫害を避けるために、いろいろな所に散っていくわけです。それによって福音が広がるのです。ステファノの受難、ステファノの石打ち、ステファノの殉教というむごい死を通して、福音は広がっていくのです。ここに聖霊の導きがあります。聖霊はこのような悪さえも使って、それを無駄にしないで展開させていく。こういう視点がルカにはあるのです。パウロの受難も同じです。パウロは第一回宣教、第二回、第三回と、どこを見ても行く先々で問題を起こしていきます。問題を起こして、パウロも石に打たれる。迫害され、投獄される。そういうことを通して、福音は広がっていくのです。この町にはもういられないから次の町へ移動する。それは福音の広がりを意味するわけです。このようにパウロの受難を通して、聖霊はそれを使いながら、福音の広がりを展開させています。ルカには間違いなくこういう視点がありま す。教会という組織として、共同体として、福音がどのように広がっていくかという歴史的な視点をルカは持っているのです。

一方、その中に巻き込まれているパウロです。一個人としてのパウロ。パウロは、大きな流れではありません。自分が置かれているこの人生の中でどんどんやってくるこの苦しみを、どう受け止めればいいのか、どう理解すればいいのか、どう乗り越えられるのかという叫びがあるわけです。その苦しみの中で生きていくパウロが、「そこにも聖霊の導きがあるんだ」と言う。こういう視点でパウロは自分の苦しみを受け止めて、それを書き記している。私たちはルカの視点とパウロの視点の両方を見てみようというわけなのです。

『使徒言行録』における「パウロの受難」

まず、最初に使徒言行録が書いているパウロの姿をもう少し見てみましょう。第一回宣教旅行の14章です。イコニオンに行きました。1節から見てみます。

イコニオンでも同じように、パウロとバルナバはユダヤ人の会堂に入って話をしたが、その結果、大勢のユダヤ人やギリシア人が信仰に入った。ところが、信じようとしないユダヤ人たちは、異邦人を扇動し、兄弟たちに対して悪意を抱かせた。それでも、二人はそこに長くとどまり、主を頼みとして

勇敢に語った。（14章1—3節）

町の人々は分裂し、ある者はユダヤ人の側に、ある者は使徒の側についた。異邦人とユダヤ人が、指導者と一緒になって二人に乱暴を働き、石を投げつけようとしたとき、二人はこれに気づいてリカオニア州の町であるリストラとデルベ、またその近くの地方に難を避けた。そして、そこでも福音を告げ知らせていた。（14章4—7節）

こうやって難を避けながら、福音が広がっていくわけです。そして今度はリストラに入って、14章19節のところを見てみましょう。

ところが、ユダヤ人たちがアンティオキアとイコニオンからやって来て、群衆を抱き込み、パウロに石を投げつけ、死んでしまったものと思って、町の外へ引きずり出した。しかし、弟子たちが周りを取り囲むと、パウロは起き上がって町に入って行った。そして翌日、バルナバと一緒にデルベへ向

かった。（14章19―20節）

アンティオキアとイコニオンは、パウロがリストラに来る前にいた所です。そこからわざわざユダヤ人たちがやってきたのです。

使徒言行録は続いてパウロの活動を書いていきますが、15章に、第一回宣教旅行と第二回宣教旅行の間に入っている「エルサレムの使徒会議」というのがあります。これを引き起こしていった原因は意見の対立です。この初めの部分を見てみましょう。「ある人々がユダヤから下って来て、『モーセの慣習に従って割礼を受けなければ、あなたがたは救われない』と兄弟たちに教えていた」（15・1）。彼らは、間違いなくキリスト者です。ユダヤ人だけれどもキリスト者です。初代教会の多くの人たち、特にユダヤ人キリスト者は割礼は必要だと考えていました。そのために割礼は必要がないと考えていたパウロと意見がぶつかったのです。「それで、パウロやバルナバとその人たちとの間に、激しい意見の対立と論争が生じた。この件について使徒や長老たちと協議するために、パウロとバルナバ、そのほか数名の者がエルサレムへ上ることに決まった」（15・2）。使徒言行録はこうやって淡々と書いていきますが、これがパウロにとってどれほど大きな問題だったか。彼が生きている間、これは解決しませんでした。教会は大きく意見が分裂したままで、ぶつかっていました。「あれはニセ使徒だ。本物ではない。あれが教えているあの教えは、あの福音は間違っている」、結果的にパウロはこう言われました。わたしたちはそのようには言いません。「パウロのどこが悪いのだろう」と思います。そう思う理由は簡単です。当時は、パウロ側と反パウロ側と二つのグループがあったのです。今の教会はパウロ側が生き残って、歴史的な過程の中で反パウロ側はいなくなったのです。ですから、わたしたちの考え方は皆パウロ側の考え方になっているので「パウロのどこが悪いのか」と、こういう思いになるわけです。でも当時はそうではなかった。「パウロは間違っている」という意見の方が大きかったのです。こういうストレスもパウロにはありました。これも「パウロの受難」と言っていいのではないでしょうか。

パウロの受難、パウロの苦しみや痛みは何によって引き起こされていくかというと、大きく分けて三つあるとわたしは思います。これもパウロの受難を見ていく時に参考にしていただければと思うのです。一つはユダヤ人の側からの反発です。「けしからんことをしているぞ。ナザレのイエスがメシアだと言っている。けしからん奴だ。けしからんパウロだ」と言われる。これはユダヤ教の側からの迫害です。二つ目は同じキリスト教の教会の中から、「パウロはけしからん。パウロは間違った教え、間違った福音理解をしている」と言われます。これも大きなストレスです。ここでもぶつかりました。これはただ単に意見がぶつかるだけではありません。どんなことが起こったか。簡単に言うと、例えばここの「京都教会」はもともとパウロが始めた教会だった。わたしたちは皆パウロを通して福音を受けた教会だった。ところがそのあと「パウロの福音は間違っている」という偉大な使徒たちが来たのです。他の司教様たちが何人も来るのです。そして「パウロは間違っている。あなたたちが受けた福音は足りない」、こう言ったのです。その結果どうなったか。ここにいる皆が「分かりました、司教様。わたしたちはパウロを離れて司教様方の信仰に移ります」と、こう言ったわけです。こういう状況が生じて、パウロは聞きます。「どうしよう。せっかく本物の福音を告げたのに。京都の皆さん、あなたたちは本物の福音から離れるんですか。あの司教たちはニセモノですよ。彼らこそニセモノなんだ」。こういう状況をパウロは生きたのです。パウロの手紙の中で、例えばコリントの教会、ガラテヤの教会はまさしくこういう状況です。「あんなに苦しみの中で喜びをもって受け入れた福音をあなたたちはこんなにも早く捨てるのか」。こう叫んでいます。ですから、わたしたちはこれもパウロの受難と考えましょう。同じキリスト者の中から「パウロの福音は間違っている」と言われる、そういう状況におけるパウロの受難。これが二番目です。そして三番目は、ローマからの受難です。「教えはともかく、パウロという人間が来たことによってこの町は騒々しくなり、治安が乱れてきている、逮捕せよ」とローマが動くのです。こういう三つの受難の原因があると言えると思います。

第二回宣教旅行は、15章の後半36節から活動が開始されます。「数日の後、パウロはバルナバに言った。『さあ、前に主の言葉を宣べ伝えたすべての町へもう一度行って兄弟たちを訪問し、どのようにしているかを見て来ようではないか』」(15・36)。こうやって第二回宣教旅行が始まっていきます。最初に、バルナバと思い切り意見がぶつかりました。マルコをどう評価するかについてバルナバとパウロが対立したのです。結果的には、両方が譲り合うことなく分裂したままで別々に宣教活動に入っていくことになりました。こういうことをきっかけとして始まったパウロの第二回宣教旅行の大きな特徴は何か。これはギリシャ世界への宣教なのです。パウロの第二回宣教旅行において、それまではなされていなかったギリシャ世界へ入っていくのです。これは大きな展開です。その出発点にはバルナバとの対立があった。そして、ギリシャの世界に入っていく16章を見てみましょう。フィリピでパウロとシラスは捕らえられてしまいます。

そして、二人を高官たちに引き渡してこう言った。「この者たちはユダヤ人で、わたしたちの町を混乱させております。ローマ帝国の市民であるわたしたちが受け入れることも、実行することも許されない風習を宣伝しております。」群衆も一緒になって二人を責め立てたので、高官たちは二人の衣服をはぎ取り、「鞭で打て」と命じた。そして、何度も鞭で打ってから二人を牢に投げ込み、看守に厳重に見張るように命じた。この命令を受けた看守は、二人をいちばん奥の牢に入れて、足には木の足枷《あしかせ》をはめておいた。

ローマの高官が動いているのです。動かした原因はユダヤ人の反発にあったということです。ユダヤ教側の反発があって、それに基づいてローマの高官が動いたという構図です。フィリピでこういうことが起こりました。そしてフィリピを過ぎて、今度はテサロニケに行きます。17章に入ってみましょう。

（16章20—24節）

パウロとシラスは、アンフィポリスとアポロニアを経てテサロニケに着いた。ここにはユダヤ人の会堂があった。パウロはいつものように、ユダヤ人の集まっているところへ入って行き、三回の安息日にわたって聖書を引用して論じ合い、「メシアは必ず苦しみを受け、死者の中から復活することになっていた」と、また、「このメシアはわたしが伝えているイエスである」と説明し、論証した。

（17章1—3節）

しかし、ユダヤ人たちはそれをねたみ、広場にたむろしているならず者を

何人か抱き込んで暴動を起こし、町を混乱させ、ヤソンの家を襲い、二人を民衆の前に引き出そうとして捜した　（17章5節）

兄弟たちは、直ちに夜のうちにパウロとシラスをベレアへ送り出した。二人はそこへ到着すると、ユダヤ人の会堂に入った。ここのユダヤ人たちは、テサロニケのユダヤ人よりも素直で、非常に熱心に御言葉を受け入れ、そのとおりかどうか、毎日、聖書を調べていた。そこで、そのうちの多くの人が信じ、ギリシア人の上流婦人や男たちも少なからず信仰に入った。ところが、テサロニケのユダヤ人たちは、ベレアでもパウロによって神の言葉が宣べ伝えられていることを知ると、そこへも押しかけて来て、群衆を扇動し騒がせた。それで、兄弟たちは直ちにパウロを送り出して、海岸の地方へ行かせたが、シラスとテモテはベレアに残った。　（17章10―14節）

こう続いていくわけです。パウロは次から次へと自分から好んで移動していくというよりも、むしろ迫害されて混乱が生じ、そこから逃れる形で、次へ次へと行く。こういう姿が使徒言行録の中で描かれていきます。第一回宣教旅行、第二回、第三回、いずれもこのように展開していきます。そして、第三回宣教旅行の終わりの時です。21章27節、パウロがエルサレムに滞在していた時です。パウロはここからアンティオキアに戻る予定だったのでしょうか。しかし、事態は急変します。

七日の期間が終わろうとしていたとき、アジア州から来たユダヤ人たちが神殿の境内でパウロを見つけ、全群衆を扇動して彼を捕らえ、こう叫んだ。「イスラエルの人たち、手伝ってくれ。この男は、民と律法とこの場所を無視することを、至るところでだれにでも教えている。その上、ギリシア人を境内に連れ込んで、この聖なる場所を汚してしまった。」彼らは、エフェソ出身のトロフィモが前に都でパウロと一緒にいたのを見かけたので、パウロが彼を境内に連れ込んだのだと思ったからである。それで、都全体は大騒ぎになり、民衆は駆け寄って来て、パウロを捕らえ、境内から引きずり出した。そして、門はどれもすぐに閉ざされた。彼らがパウロを殺そうとしていたとき、エルサレム中が混乱状態に陥っているという報告が、守備大隊の千人隊長のもとに届いた。千人隊長は直ちに兵士と百人隊長を率いて、その場に駆けつけた。群衆は千人隊長と兵士を見ると、パウロを殴るのをやめた。千人隊長は近寄ってパウロを捕らえ、二本の鎖で縛るように命じた。そして、パウロが何者であるのか、また、何をしたのかと尋ねた。しかし、群衆はあれやこれやと叫び立てていた。千人隊長は、騒々しくて真相をつかむことができないので、パウロを兵営に連れて行くように命じた。パウロが階段にさしかかったとき、群衆の暴行を避けるために、兵士たちは彼を担いで行かなければならなかった。大勢の民衆が、「その男を殺してしまえ」と叫びながらついて来たからである。（21章27―36節）

実際こういう状況だったのでしょう。このくらいの敵意、殺意に包まれるパウロだったのです。彼は二年間投獄された末、「私はローマ皇帝に上訴します」と言うのです。この一言で、彼はローマ送りになります。パウロはローマ市民権を持っているから、この一言が効くのです。

もう一つ、パウロに起こった大変なことを見てみましょう。パウロがローマに送られるということになって船に乗って行くところ、27章です。

わたしたちがイタリアへ向かって船出することに決まったとき、パウロと他の数名の囚人は、皇帝直属部隊の百人隊長ユリウスという者に引き渡された。わたしたちは、アジア州沿岸の各地に寄港することになっている、アドラミティオン港の船に乗って出港した。
（27章1—2a節）

ときに、南風が静かに吹いて来たので、人々は望みどおりに事が運ぶと考えて錨《いかり》を上げ、クレタ島の岸に沿って進んだ。しかし、間もなく「エウラキロン」と呼ばれる暴風が、島の方から吹き降ろして来た。船はそれに巻き込まれ、風に逆らって進むことができなかったので、わたしたちは流されるにまかせた。やがて、カウダという小島の陰に来たので、やっとのことで小舟をしっかりと引き寄せることができた。小舟を船に引き上げてから、船体には綱を巻きつけ、シルティスの浅瀬に乗り上げるのを恐れて海錨を降ろし、流されるにまかせた。しかし、ひどい暴風に悩まされたので、翌日には人々は積み荷を海に捨て始め、三日目には自分たちの手で船具を投げ捨ててしまった。幾日もの間、太陽も星も見えず、暴風が激しく吹きすさぶので、ついに助かる望みは全く消えうせようとしていた。人々は長い間、食事をとっていなかった。（27章13―21節）

朝になって、どこの陸地であるか分からなかったが、砂浜のある入り江を見つけたので、できることなら、そこへ船を乗り入れようということになった。そこで、錨《いかり》を切り離して海に捨て、同時に舵の綱を解き、風に船首の帆を上げて、砂浜に向かって進んだ。ところが、深みに挟まれた浅瀬にぶつかって船を乗り上げてしまい、船首がめり込んで動かなくなり、船尾は激しい波で壊れだした。兵士たちは、囚人たちが泳いで逃げないように、殺そうと計ったが、百人隊長はパウロを助けたいと思ったので、この計画を思いとどまらせた。そして、泳げる者がまず飛び込んで陸に上がり、残りの者は板切れや船の乗組員につかまって泳いで行くように命令した。このようにして、全員が無事に上陸した。

わたしたちが助かったとき、この島がマルタと呼ばれていることが分かった。
（27章39節―28章1節）

ここに書かれている地理は、みんな正確です。マルタ、クレタがあり、その近くにカウダという小さな島があります。このような話も、今回のわたしたちのテーマ、パウロの受難ということです。

ここで少し脱線しますが、当時の船はどのくらいの人が乗ったと思いますか。ガリラヤ湖でペトロたちが漁をしているときに使った船、ペトロが実際に使った船ではありませんが、イエスたちがガリラヤ湖畔で活動していた、その時代に使われていた船というのが、ガリラヤ湖で発見されたのです。干ばつが続いて、ガリラヤ湖の水位が下がったことにより、沈んだ船が出てきた。これを調べてみると、ちょうどイエスの時代の、一世紀頃の船だということが分かったのです。大きさは、四メートルくらいの幅がある結構大きい船で、四人くらいで漕ぐようになっていました。しかしさっき見たところでパウロが乗っていった、カイサリアから出て行った船というのはもっと大きな船です。何人くらい乗ったかと言うと、大きい船ならば平気で五百人を超えます。大きさのイメージとしては、『ベン・ハー』に出てくるガレー船です。『ベン・ハー』はちょうどイエスの時代です。しかしガレー船は軍艦ですから、乗る人が少なく、速く走ることができるためにスリムに出来ています。下に漕ぎ手がたくさん乗っていて、合わせて百人くらいです。

これに対してパウロは軍艦ではなくて、貨物船に乗っていました。貨物船で一番有名なのは、エジプトからローマに小麦を運ぶ船です。だから荷物がいっぱい積んであるのです。これに人も一緒に乗せて行こうというわけです。だから五百人は乗る、このくらいの規模だったということです。しかし今のような、帆の技術はなかった。だから、「シルティスの浅瀬に乗り上げるのを恐れて」(27・17)などと書かれているわけです。

話を戻します。今まで見てきたように、パウロはいろいろな受難に遭いました。苦しみ、困難に遭いました。そこでわたしたちは考えます。ルカはパウロの受難、そもそも苦しみを受けるということをどのように理解していたのか。ルカが書き記している使徒言行録の中に、ルカの苦しみ理解というのが入っているのでそれを拾って見てみましょう。まず、最初に9章の15、16節です。パウロの回心の直後にアナニアが登場してきます。アナニアは「あの男は危険な男です」と言います。

「主よ、わたしは、その人がエルサレムで、あなたの聖なる者たちに対してどんな悪事を働いたか、大勢の人から聞きました。ここでも、御名を呼び求める人をすべて捕らえるため、祭司長たちから権限を受けています。」すると、主は言われた。「行け。あの者は、異邦人や王たち、またイスラエルの子らにわたしの名を伝えるために、わたしが選んだ器である。わたしの名のためにどんなに苦しまなくてはならないかを、わたしは彼に示そう。」

（9章13―16節）

15、16節に注意して見ましょう。「わたしの名のためにどれほど苦しまなければならないかを、わたしはパウロに示そう」、ルカはこう書くのです。パウロが苦しむのは、ある意味でそれは神の御心だと、ルカは書きます。続けて次の箇所を見てみましょう。14章22節、ここはパウロが語るところです。

二人はこの町で福音を告げ知らせ、多くの人を弟子にしてから、リストラ、イコニオン、アンティオキアへと引き返しながら、弟子たちを力づけ、「わたしたちが神の国に入るには、多くの苦しみを経なくてはならない」と言って、信仰に踏みとどまるように励ました。（14章21―22節）

これがルカの苦しみ理解です。「信じる者として、神の国に入るように招かれた者として、苦しみは当然あると心得よ、苦しみにたじろぐな、受難にたじろぐな」、というわけです。この視点でルカは使徒言行録を淡々と書いています。続けて見てみましょう。今度は20章23節です。パウロの言葉として描かれています。エフェソの長老たちに別れを告げる場面でパウロが語るところです。

「そして今、わたしは、〝霊〟に促されてエルサレムに行きます。そこでどんなことがこの身に起こるか、何も分かりません。ただ、投獄と苦難とがわたしを待ち受けているということだけは、聖霊がどこの町でもはっきり告げてくださっています。しかし、自分の決められた道を走りとおし、また、主イエスからいただいた、神の恵みの福音を力強く証しするという任務を果たすことができさえすれば、この命すら決して惜しいとは思いません。」（20章22—24節）

福音を信じる者が苦しみから解放されるとは決して言わないのです。かえって苦しみに遭う。ルカはこれを確信しています。しかし、「それも聖霊に導かれての歩みと心得よ。必ずそれを乗り越えて、わたしたちは主の復活にあずかることをしっかりと肝に銘じよ」、こういう視点をルカは持っています。なかなか難しいのです。そんな中で「死をも、命さえも惜しいとは思わない」とパウロに言わせるわけです。そのくらいの激しさをもってパウロは生きていた、そういうことをルカは記憶しているのでしょう。もう一つ見てみましょう。21章13節です。

そのとき、パウロは答えた。「泣いたり、わたしの心をくじいたり、いったいこれはどういうことですか。主イエスの名のためならば、エルサレムで縛られることばかりか死ぬことさえも、わたしは覚悟しているのです。」

（21章13節）

こうパウロに言わせるのです。「これはパウロの言葉だから、パウロがそう考えているんでしょう」とわたしたちは単純に思いがちですが、そうではありません。パウロの口を通して、ルカが語っているのです。ルカの信念を語っているのです。そう理解する方がより正確です。苦しみはあって当然、パウロはそれに雄々しく耐えました。それは、「苦しみや受難が目的ではない。それを乗り越えてわたしたちは希望に招かれているんだ、復活に招かれているんだ」という確信をルカは持っていたということです。事実、初代教会の人たちはどれほど苦しんでいったか、そのことをルカは淡々と使徒言行録の中で書いています。

　さて、何故そんなことが言えるのでしょうか。ルカは、お手本を持っているからです。「主が苦しまれた。わたしたちの救い主、主イエスがあれほどまでに苦しまれたではないか。そして栄光に入られた。だから、わたしたちも苦しむのだ。そして栄光に入るのだ」という理解をルカは持っているということです。しかしおそらく、ルカは最初からこんなことは考えていませんでした。信仰者になって最初に直面したのは、苦しみです。受難、苦難です。それでルカは考えたのです。そして「主が苦しまれたのだ。だからわたしたちもそれでいいのだ。主がこれをぐっと耐えて歩んで行かれたから、わたしたちも主についていく者として生きよう」、こういう理解をルカはそのときに深めていったのだと思います。

ルカ福音書の24章を見てみましょう。使徒言行録の著者であるルカが書いたものです。ごく短い記述ですけれども、24章25節から見てみます。

そこで、イエスは言われた。「ああ、物分かりが悪く、心が鈍く預言者たちの言ったことすべてを信じられない者たち、メシアはこういう苦しみを受けて、栄光に入るはずだったのではないか。」そして、モーセとすべての預言者から始めて、聖書全体にわたり、御自分について書かれていることを説明された。

（ルカ24章25―27節）

聖書にはあらかじめメシアの苦しみが語られている、ということです。同じように45節を見ます。

そしてイエスは、聖書を悟らせるために彼らの心の目を開いて、言われた。「次のように書いてある。『メシアは苦しみを受け、三日目に死者の中から復活する。』」（ルカ24章45―46節）

簡単ではないのです。しかしルカはこういう視点に立って、パウロの受難というもの、パウロだけではなく、イエスを信じる者たちの受難や苦しみということを理解していました。苦しみは必ずある。しかし、わたしたちはそれを乗り越えて復活にあずかるのだ、神の国に到達するのだ、という理解です。教会という組織が、歴史の中でさまざまな苦しみや迫害を通して展開していく様をルカは描きました。だから、今日のテーマであるパウロの受難というのは、パウロだけに限ったことではないのです。信じる者たちの受難を通していかに信仰が広まっていくか。受難を通してわたしたちは栄光にあずかる者にされていくのだということをルカは確信していた、ということです。これがルカの受難の理解です。

「パウロ書簡」における「パウロの受難」

パウロ自身はどのように受難を理解していたのでしょうか。今までは使徒言行録から、ルカの視点でパウロの苦しみを見てきましたが、実際はもっと苦しみがあったようです。それをパウロ書簡から見てみます。第二コリントの11章23節です。ここは、さっき見たように「パウロの福音は間違っている、パウロは本物ではない」と言われていた、彼らとのぶつかりの箇所です。攻撃されているパウロが必死になって弁明するところです。少し前の21節から見てみます。「彼ら」というのはパウロを攻撃する教会のリーダーたちです。

言うのも恥ずかしいことですが、わたしたちの態度は弱すぎたのです。だれかが何かのことであえて誇ろうとするなら、愚か者になったつもりで言いますが、わたしもあえて誇ろう。彼らはヘブライ人なのか。わたしもそうです。イスラエル人なのか。わたしもそうです。アブラハムの子孫なのか。わたしもそうです。キリストに仕える者なのか。気が変になったように言いますが、わたしは彼ら以上にそうなのです。

（二コリント11章21―23a節）

「気が変になったように言いますが」というのは、もう叫ばないではいられないという様子で、彼ら以上に私はキリストに仕える者だと言うのです。何が証拠なのか、次を見てください。

苦労したことはずっと多く、投獄されたこともずっと多く、鞭打《むち》たれたことは比較できないほど多く、死ぬような目に遭ったことも度々でした。ユダヤ人から四十に一つ足りない鞭を受けたことが五度。鞭で打たれたことが三度、石を投げつけられたことが一度、難船したことが三度。一昼夜海上に漂ったこともありました。しばしば旅をし、川の難、盗賊の難、同胞からの難、異邦人からの難、町での難、荒れ野での難、海上の難、偽の兄弟たちからの難に遭い、苦労し、骨折って、しばしば眠らずに過ごし、飢え渇き、しばしば食べずにおり、寒さに凍え、裸でいたこともありました。

（二コリント11章23b―27節）

これが、パウロがキリストに仕える者であるという証拠だと言うのです。どれほど苦しんだか。ここに挙げられている苦しみ。ユダヤ人から五度鞭打たれ、ローマから三度打たれ、合わせて少なくとも八度打たれています。使徒言行録に書かれているパウロは、こんなに打たれていません。一回しか打たれていない。使徒言行録に書かれている以上に、パウロは苦しい生活を送っていた、迫害されていたのです。まさにそれがパウロの受難でした。そして彼はこう続けます。

このほかにもまだあるが、その上に、日々わたしに迫るやっかい事、あらゆる教会についての心配事があります。だれかが弱っているなら、わたしは弱らないでいられるでしょうか。だれかがつまずくなら、わたしが心を燃やさないでいられるでしょうか。

（二コリント11章28―29節）

こういう牧者としての心の痛み、これを彼はしっかりと持っていました。自分のことだけを考えるのではなかった。委ねられた使命を、牧者として皆のことを考えながら、それ故に彼はストレスを感じているのです。苦しみの中にあって「一緒に悩まないでいられるだろうか」、というわけです。これがパウロ書簡から見えてくるパウロの姿です。

パウロの境地

これをパウロは別の言葉で表しました。ローマの信徒への手紙の8章36節を見てみましょう。私は長い間この箇所が今ひとつ理解できませんでしたが、最近やっと心に響いてくるようになりました。詩編の引用です。こういう言葉をパウロは引用するのです。

「わたしたちは、あなたのために
一日中死にさらされ、
屠られる羊のように見られている」
（ローマ8章36節）

「一日中死にさらされている」、これが自分だと言うのです。自分の人生はこんなものだと、自分で見てもそう思えると言うのです。あなたたちがわたしを見てもそう思えるだろう、屠られる羊のように見られている、もう殺される羊、今から屠り場に引かれていく羊のようだと、パウロは言うのです。これが自他ともに認める私の人生だと、こう言い切れるくらいのものがあったのです。

その前の、35節には「だれが、キリストの愛からわたしたちを引き離すことができましょう。艱難か。苦しみか。迫害か。飢えか。裸か。危険か。剣か（ローマ8・35）。」と、キリストの愛からわたしたちを引き離そうとするものがいっぱいあります。その対極にあるものが、キリストの愛、キリストへの愛です。パウロのキリストへの思い、またパウロが気づいたキリストから注がれる愛、これが根底にあってパウロを支えているのです。

パウロは本当に苦しい時にどうしたか。わたしたちと変わりません。祈ったのです。「この苦しみを取ってください。お願いです」と祈りました。第二コリントの12章には「この使いについて、離れ去らせてくださるように、わたしは三度主に願いました（二コリント12・8）。」とあります。そうすると、主が答えられた。

「わたしの恵みはあなたに十分である（二コリント12・9）。」この答えに対してパウロは「こんなに苦しいのに、あなたは恵みが十分とおっしゃるんですか」と思った。そこでパウロは気づいたのです。気づかされたのです。恵みがあれば苦しみがなくなるのではない。苦しみがあっても恵みは十分にあるのだと。恵みと苦しみは共存するのだということに気づかされたのです。それまでパウロは、恵みさえあれば苦しみから解放されると考えていました。しかし主の答えによって気づいたのです。恵みによって、この苦しみを耐える力を頂くのだと。だからパウロは言うのです。「だからわたしはこの弱さを誇ろう、この痛みを、苦しみを誇ろう」と言うのです。なぜでしょうか。それは、この苦しみを通して、この痛みを通して、わたしの中に注がれている主の力に気づくことができるからです。そこまで彼は苦しみました。第二コリントの4章7節を見てみましょう。

ところで、わたしたちは、このような宝を土の器に納めています。この並外れて偉大な力が神のものであって、わたしたちから出たものでないことが明らかになるために。わたしたちは、四方から苦しめられても行き詰まらず、途方に暮れても失望せず、虐げられても見捨てられず、打ち倒されても滅ぼされない。

（二コリント4章7―9節）

彼は打ち倒されて、途方に暮れているのです。四方から苦しめられているのです。これがパウロの人生です。しかし、それでは終わらない。なぜでしょうか。この並外れて偉大な力が注がれているということを体験するのです。この力を体験する、この力に気づかされるのはどうしようもなく追い込まれたときです。そのときになって初めてパウロは気がついたのでしょう。それまでは自分の力でやったのです。自分の力で乗り越えたのです。そのときには神の力はいらないと思っていた。「もう、だめだ。もう、崩れる！」と思って崩れようとしたときに、自分を支えている力に、パウロは気づきました。気づかされたのです。これが神から注がれた力なのだと。「主はこうしてわたしを支えてくださっている」、これに気づいたのは受難を通してです。激しい、追い込まれた受難を通してパウロは気づく。だから、言うのです。「わたしはこの弱さを誇ろう」、「わたしは弱いときにこそ強い」とこう言い切るほどの受難を彼は体験していきました。だから、彼は言うのです。「わたしたちは恵みとして信仰をもらった。しかし信仰だけではない。同時に苦しむことも恵みとしてもらった」。これはルカの苦しみ理解につながるものがあります。パウロは間違いなくこのように思って、言い切るのです。「わたしたちは恵みとして苦しみをもらった」。これがパウロです。

まとめ

わたしたちは今まで、使徒言行録を見てきました。ステファノの受難、パウロの受難を通してパウロの受難というものを通して、教会は、福音は、確かに広がっていく。それが主についていく者の必然であること、ルカはこれを語っています。「苦しみは無駄ではない。避けられると思うな。雄々しく乗り越えていく力を求めて祈れ」、これが、ルカがわたしたちに語ってくることです。一方、パウロは一個人として、苦しみを通して主がわたしを支えてくださっていることを体験しました。この苦しみをも通して、主がわたしたちを導いてくださっていることに気づいていったのです。わたしたちはルカの受難理解とパウロ自身の受難理解の両方を見てきました。わたしたちはこの使徒言行録とパウロの手紙の両方をもらいました。

わたしたちは苦しみというものをどのように受け止めるでしょうか。使徒言行録の理解、パウロの体験、わたしたちは両方を学びました。そして今、わたしはキリスト者としてどういう覚悟をもって歩もうか。これをわたしたちは今、ぐっと肝に銘じる時ではないかと思うのです。頭で理解しただけでなく、パウロの思いもわたしたちは受けました。わたしたち一人ひとりのキリスト者としての歩みが、先輩たちに倣って良い歩みになればいいな、と願います。

パウロからわたしたちへ

聖パウロ修道会司祭　澤田豊成

「パウロからわたしたちへ」というテーマには、パウロの宣教活動が今日のわたしたちの宣教活動にもつながっているのだという意図が含まれていると思います。今日は結びとして、使徒言行録全体を振り返りながら、エルサレムでパウロが捕らえられてからローマでのエピソードをもって使徒言行録が書き終えられるまでの21章から28章までを見つめ、いったい使徒言行録は何を言いたいのだろうか、メッセージとしてわたしたちに何を伝え、訴えているのだろうかという点に目を向けていきたいと考えています。

使徒言行録は未完の書？

使徒言行録は物語の形式で書かれています。主の復活、出現、昇天、聖霊降臨から始まって、使徒たちの宣教、それからパウロの宣教へとつながっていきます。物語形式で書かれているので読みやすいのですが、わたしたちは聖書を読む時、一冊の書物として読むことはあまりしません。聖書をぶつ切りにして、ミサの朗読ごとに切り離して、そこの箇所だけを読んで深めるということに慣れてしまっています。書物全体として何が言いたいのかということをあまり考えないのです。しかし、使徒言行録を一冊の書物として読んでいくと、いったいパウロはこの後どうなるのだろうかとわたしたちはわくわくドキドキしながら読み進むことになります。そうすると、使徒言行録は「あれっ」と思う終わり方をしていることに気がつきます。それで、ここに「使徒言行録は未完の書？」という小見出しをつけてみました。

大きく使徒言行録の流れを見ていきますと、イエスの復活後、イエスご自身が弟子たちに現れるところから始まります。そして四十日後、イエスは天に上げられていく前に、弟子たちに「エルサレムを離れず、わたしからかねて聞いていた父の約束を待ちなさい」（使徒言行録1・4）と命じます。その時、十二使徒の一人であるイスカリオテのユダが欠けてしまっていたので、使徒の補充がなされ、マティアと呼ばれる人が使徒団に加えられました。その後、聖霊が使徒たち一人ひとりの上に降り、使徒たちの福音宣教が始まっていきます。宣教は順調に進んでいきますが、その一方でいろいろな意味での対立、反対が起きていきます。パウロをはじめとするユダヤ人たちからの迫害があり、ステファノやヤコブが殉教し、その後、福音はサマリア人、そして異邦人へと広がっていきます。

15章にエルサレム会議の状況が記されています。そこで問題となっていたのは、異邦人に福音を宣べ伝えていいのかということではなく、また異邦人が信じたら救われるのかということでもありません。イエス・キリストの洗礼を受け、イエス・キリストの救いにあずかるために、ユダヤ人とならず異邦人のままでいいのだろうか、これが問題となっていたのです。

割礼を受けるということは、要するにユダヤ人になるということです。日本語では、ユダヤ教徒、ユダヤ人、ユダヤ民族と、いろいろな言い方、訳し分けをしていますが、実はヘブライ語、ギリシャ語、ラテン語、現代の英語やその他のヨーロッパの言語では、ユダヤ人という言い方とユダヤ教徒という言い方はまったく同じです。これを分けて考えるのは日本人くらいです。例えば、ユダヤ系アメリカ人という言い方をしますが、彼らはアメリカ国籍を持つユダヤ人であり、ユダヤ教徒です。日本でも、日本の国籍を取得すれば日本国民になりますが、ユダヤ人であることには変わりありません。どこの国の人であっても、ユダヤ教を受け入れ、割礼を受けると、それでユダヤ民族、ユダヤ人になるのです。ユダヤ人になるということはそういうことです。

このエルサレム会議では、異邦人がユダヤ人になる必要はなく、異邦人のまま、それぞれの民族のまま、イエス・キリストの洗礼を受けることができるということが決まりました。簡単に言うと、イエス・キリストの洗礼はユダヤ人であることを前提としない、キリストの洗礼そのもので十分だということです。これは、今のわたしたちからすれば当たり前のことなのですが、初代教会は信者全員がユダヤ人という状態から始まっていますから、彼らにとっては、逆が当たり前だったのです。つまり、神が契約を結んで、律法を与え、割礼を命じてくださった、その同じ神がイエス・キリストを送ってくださり、イエス・キリストの救いを完成してくださったのだから、キリストの洗礼を受けるためには、まず、ユダヤ人となり、割礼を受けることが必要であると考えるのが、初代教会にとっては当たり前だったのです。エルサレムの会議は、こうした人間の「当たり前」を神が覆してくださり、そのことに初代教会が気づき、受け入れた分岐点でした。

エルサレム会議の決定によって、全面的に異邦人への宣教の扉が開かれました。公的権威でそれが認められたのです。使徒言行録では、それと前後する時期にパウロの宣教活動が語られ始め、エルサレム会議の後は、使徒言行録は、ほとんどパウロの活動だけに集中していきます。

一般的に、パウロは三回の宣教旅行を行ったと言われています。しかし、三回に分けることが適切なのかについては議論があります。第一回宣教旅行は、エルサレム会議の前ですが、この宣教活動はシリアから出て、トルコの東の端の方を回ったくらいの狭い範囲の宣教旅行でした。二回目と三回目の宣教旅行は、今のシリアから始まってトルコ、つまりアナトリア半島、そこからさらに海を越えて行き、ギリシャ、マケドニアあたりにまで宣教がなされていきます。ついにヨーロッパに福音が届いたのです。この広い範囲でパウロの宣教活動が描かれていきます。しかも、三回目の宣教旅行は、二回目の終わりにアンティオキアに立ち寄り、その後すぐ出発していますから、アンティオキアに立ち寄っただけで、そのまま一つの宣教旅行が続けられたと理解することもできます。つまり、一回目は「プレ」宣教、二回目と三回目は一つの宣教旅行と見なすこともできるのです。しかも、パウロの三回目の宣教旅行は結ばれていません。終わっておらず、そのままパウロの逮捕、カイサリア、ローマへの旅とつながっています。

さらに、使徒言行録におけるパウロの宣教旅行は、実際は、パウロ自身が手紙で書いていることとは異なり、教会からの派遣です。パウロ自身は、自分が誰からでもなく、キリストご自身から突き動かされ、派遣されて、福音を宣べ伝えたと言っていますので、彼にとってはキリストからの派遣です。ほかのどんな仲介も存在しなかった。これがパウロの言い分です。しかし、使徒言行録が書き記すパウロの宣教活動は、パウロがシリアのアンティオキア教会で働いている時、聖霊がバルナバとパウロを宣教に遣わすよう指示を出し、それに従ってアンティオキア教会が彼ら二人を祝福し、按手し、派遣してなされたとなっています。

わたしたちが、所属している教会に何の相談もせずに、自分で宣教活動をするとすれば、それは「わたしの宣教活動」でしょう。しかし、教会がわたしを呼んで、「ここに行って宣教してください」と言われた場合、それは、わたしの活動、働きではなく、教会の名によって教会がわたしを通して働いているのです。パウロの宣教活動は、使徒言行録によれば、後者のもの、アンティオキア教会の宣教活動として描かれています。だからアンティオキアから出発し、アンティオキアに戻って来るのです。パウロは必ず宣教活動の様子、その実りを教会に報告します。わたしたちが教会から派遣されて何か行った場合、その報告義務があるのと同じです。

第二回宣教旅行も第三回目宣教旅行も同じくアンティオキアから出発しますが、第三回宣教旅行では、ついにパウロはアンティオキアに戻って来ることがありませんでした。途中で捕らえられてしまうからです。それが使徒言行録の終わりの部分、21章から28章までの部分です。捕らえられてからの舞台は主に三つあります。一つはイスラエルの民の中心地、神殿があるエルサレム。そして二つ目はこの地域を治めていたローマ総督が通常住んでいたカイサリアという町です。ローマ総督の官邸はカイサリアにありましたから、エルサレムで捕らえられたパウロはカイサリアに護送され、総督のもとで裁判を受けることになります。ところが、そこでパウロがローマ皇帝に上訴したことから、舞台は、三つ目のローマへと移ります。もちろんその間、旅の途中でさまざまな出来事が起きていますが、パウロの、そして使徒言行録の最終的な目的地は、当時の世界の中で政治的に最高権威を持ったローマ皇帝がいるローマです。

さて20章で、ミレトスの港において、エフェソの長老たちに別れの挨拶をしたパウロは、カイサリアを経て陸路エルサレムに向かいます。そして、エルサレムの教会に温かく迎えられます。しかしその後、神殿で騒動に巻き込まれるのです。群衆の一部が、パウロが異邦人を連れて神殿の中に入ってきていると勘違いして大騒ぎになります。そこでエルサレムの治安を守っていたローマの千人隊長リシアは、この騒動にパウロが巻き込まれて殺されてしまうのを恐れて、パウロを救い出し、牢につなぎます。パウロにとって最初の逮捕は、実は群衆の中で殺されてしまうことのないようにと、救いの手が差し伸べられたということだったのです。ここで千人隊長が主宰して、一体何が起こったのかを解明しようとし、パウロが弁明をします。エルサレムの神殿でイエス・キリストについて証するのです。パウロは、自分が復活のキリストに出会ってどのように変えられたかを語っていきます。千人隊長リシアの手では解決できなかったため、最高法院が開かれます。しかし、そこでも結論は出ず、むしろ分裂が生じてしまいます。

こうして舞台はカイサリアに移ります。総督府のあったカイサリア、当時のローマ総督フェリクスのもとにパウロを護送するのです。フェリクスは裁判を開き、パウロはここでも弁明するのですが、よくわからない議論がなされているということで、千人隊長リシアがカイサリアに来るだろうから、そこで話を聞いて決めようということになり、裁判は延期されます。しかし、結局、最後まで裁判が再開されることはありませんでした。

その後、次の総督フェストゥスが赴任します。このフェストゥスはエルサレムに挨拶に行ったとき、最高法院の議員たちから、つながれたままになっているパウロのことで、エルサレムで裁判をしてほしいと懇願されます。そこでフェストゥスは、まずパウロの裁判をカイサリアで行い、パウロに対してエルサレムで裁判を開いてほしいかと聞きます。パウロの答えは否定的なものでした。実はパウロはローマ市民権を持っていました。ローマ市民権は生まれながらにして持っている場合と、功績をあげたり、お金を積んだりして得る場合の二種類がありましたが、パウロはどうやら生まれながらにしてローマ市民権を親から受け継いでいたようです。ローマ市民権を持つ者には、裁判が紛糾した場合などに、ローマ皇帝が主宰する裁判を受ける権利が認められていました。そこでパウロはこの権利を用い、フェストゥスに対して、ローマ皇帝の前での裁判に訴え出ました。パウロが訴え出たからには、パウロはローマに行き、ローマ皇帝の前に行かなければなりません。フェストゥスは総督としてそれを認めるほかありませんでした。

そこにヘロデ・アグリッパ王という人が表敬訪問にやって来ます。彼は純粋に王というわけではありません。実際にこの頃、ユダヤで王としての地位を獲得できた人物は一人いただけで、それはヘロデ大王でした。彼はときにはローマまで行き、皇帝の前に出ては自分で弁明をして、さまざまな権利を得ています。ちなみに、ヘロデ大王は最後はクレオパトラと結婚しています。ヘロデ大王はあまりいいイメージを持たれていませんが、政治家としては優秀な人物だったようです。しかし、いや、だからこそと言うべきかもしれませんが、彼はその政治的地位に異常なまでに固執しました。自分の地位が奪われるのではないかとの恐れから、政敵は誰であっても、それが血族、子どもであっても平気で殺しました。イエスが生まれた頃に、幼子虐殺をしたとマタイ福音書が記すのも、このヘロデ大王です。そのようなヘロデの家系の者は、ヘロデ大王に準じて「王」と呼ばれ、ある地域を緩やかな自治のような形で治める権限をローマ皇帝から得ていました。ヘロデ大王が治めていた地域が、ガリラヤ、ユダヤそのほか四つくらいの地域に分割されて、緩やかな自治権のもとに統治することが許されていました。ヘロデ大王の子孫であるヘロデ・アグリッパ王は、おそらくこのカイサリアから近いユダヤのある一部の地方を治めていたので、総督フェストゥスを表敬訪問したのでしょう。

ヘロデ・アグリッパ王の表敬訪問に対して、フェストゥスはパウロを呼び出して弁明をさせます。自分が預かっている囚人パウロがローマ皇帝に上訴したので、そのためには、総督が罪状や裁判の経緯を記して報告しなければなりません。そこで、一体何が問題で、何が罪なのかを明らかにするために議論が行われたのです。しかし、パウロの話を聞いても、フェストゥスもアグリッパもパウロにそれらしき罪も犯罪も見いだすことができません。ここでもパウロがローマ皇帝に上訴したことが強調されています。アグリッパ王は、パウロがローマ皇帝に上訴しさえしなければ、無罪放免になっていただろうと述べています。

このような経緯の後、27章でパウロは、ほかの人々と共にローマへ向けて出発します。パウロは囚人なので護送されていきます。途中、マルタ島でのいろいろな出来事、奇跡的な出来事があって、28章の途中くらいでようやくローマに到着します。

使徒言行録最後の28章に記されているのは、ローマで二回にわたってユダヤ人たちのグループがパウロのもとを訪れ、パウロにキリストの教え、キリスト教、教会について問いただしたということです。こうして使徒言行録はパウロのその後のローマでの生活を総括して終わります。使徒言行録の最後の結びの言葉をここで読んでおきましょう。

パウロは、自費で借りた家にまる二年留まり、訪れてくる者をみな迎え入れ、少しもはばかることなく、また妨げを受けることもなく神の国を宣べ伝え、主イエス・キリストについて教え続けた。（使徒言行録28章30―31節）

パウロが捕らえられて以降、何章にもわたって、読者の注意を引きつけてきたこと、すなわちローマ皇帝の前での裁判はどうなるのか、パウロはいったいどうなってしまうのか、という点については、ついに何も書かれないまま使徒言行録は終わってしまうのです。なぜなのでしょうか。

聖書の学術的研究があまりなされていなかった頃は、単純に考えられていました。使徒言行録は、パウロがローマに滞在している間に書き終えられたため、その後のローマ皇帝の前での裁判は書かれていないのだ、と。しかし聖書の研究が進んでいく中で、ルカ福音書と使徒言行録は同じ著者が書いたということが分かってきました。そして、ルカ福音書が先に書かれ、それに続くものとして使徒言行録が書かれたことが明らかになりました。もしパウロがローマにいる時に使徒言行録が書き終えられたのだとすると、ルカ福音書がおよそ八〇年頃に書かれたのに、その後に書かれたはずの使徒言行録は六〇年代前半に書かれたという、おかしなことになってしまいます。こうしたことから今では、使徒言行録は八〇年代後半以降、おそらく九〇年代に書かれたと受け止められています。

使徒言行録は、パウロが亡くなってから二、三十年後ぐらいに書かれたものであるにもかかわらず、なぜパウロの裁判の最終的な判決について記さなかったのでしょうか。あれだけ巧みにいろいろなことを考えながら記しているルカ福音書と使徒言行録の著者には何か意図があったはずです。それは何でしょうか。今回の講座ではこの点を掘り下げていきたいと思います。

影の主人公

使徒言行録を読むと、主役はペトロとパウロの二人で、前半がペトロ、後半がパウロだと受け止められがちです。しかし、もしそうだとすると、おかしいことがあるのです。ペトロは確かに最初の頃は教会の中心です。パウロが登場した後も、ペトロの働き、宣教活動、牧者としての教会への配慮は死ぬまで続いたはずです。しかし、15章以降ペトロは一度も登場しません。ペトロの行く末、その後の活動について、使徒言行録はまったく無関心です。これは、パウロの判決や死について無関心なのと同じです。おそらく使徒言行録の著者は、ペトロやパウロの個人としての業績とか活動には興味がなく、何か別のことを描き出そうとしているのではないでしょうか。

そもそもパウロは使徒言行録の中で、どんな役割を持つ人物として描かれているのでしょうか。パウロは、最初、教会の迫害者として登場します。ステファノの殺害に賛同していました。その後、熱心に教会を迫害するグループの一員となり、ダマスコの教会にまで迫害の手を伸ばそうとしました。ところが、ダマスコに向かう途上で、復活のキリストがパウロに現れ、パウロを自分の側に取り込んでしまったのです。

ちなみに、教会の典礼暦の中では、一月二十五日にこの出来事を「聖パウロの回心」として祝います。しかし、使徒言行録、パウロの手紙では、この出来事を「回心」とは呼んでいません。誤解を招く言い方かもしれませんが、パウロは回心していないからです。例えば、「ゆるしの秘跡」を考えてみてください。わたしたちは、どんな罪を犯しただろうかと考え、反省し、司祭の前で告白し、痛悔の心を表すために悔い改めの祈りを唱え、そして司祭が三位一体の名によってゆるしを与えます。パウロの場合、糾明も行っていません。そもそもパウロは自分が罪を犯しているなどとは思っていませんでした。正しいことをしていると信じて迫害していたのです。だから悔い改めようがないのです。そこに一方的に復活のキリストが現れて、パウロを戸惑わせます。復活のキリストを前にして、パウロはどうしようもなくなり、自分の考え方、してきたことが間違っていたと認めざるをえなくなるのです。実際に、パウロの手紙を読むと、パウロは自分の罪をなかったことにしてもらったと理解しています。自分が犯してしまった罪、教会を迫害したという罪、当然罰を受けるはずの罪を、キリストが見過ごしてくださった。悔い改めたからゆるされたのではなく、悔い改めていないにもかかわらず罪をなかったことにしていただいた。すべては復活のキリストの働き、無償の恵みなのです。

　その後、パウロはキリストに従うようになり、霊の導きに従うようになります。パウロは熱心に福音宣教するのですが、うまくいきません。しかし、これは現実を見つめれば当たり前のことです。自分たちを迫害していた者から突然、「わたしは今からあなたたちの仲間です」と言われても、誰も信じないでしょう。その一方で、パウロと共に行動していたユダヤ人たちからすれば、裏切られたことになります。だから、騒動になるばかりです。そこでパウロはダマスコからエルサレムへ、そしてエルサレムから故郷タルソスへと追いやられていき、そこで埋もれることになります。パウロが故郷タルソスから表舞台に戻って来るのも、パウロ自身の意志や計画、力によるものではありません。バルナバがパウロを捜しに来て、見つけ出してくれたのです。それは、明らかに「神の摂理、計らい」によるものです。

このように、使徒言行録ではさまざまな人間の問題や罪、不十分さ、取り違え、勇み足などが描かれていると同時に、通常であれば救いの妨げとなるこれらのことを使って神が教会を成長させていくさまが描かれています。パウロがエルサレムの教会を徹底的に迫害したから、使徒たちを除いてキリスト者はすべて散り散りばらばらに逃げていかなければならなくなりました。エルサレム教会にとっては壊滅的な出来事でしたが、この散り散りばらばらになったキリスト者たちが、離散していく過程において、ユダヤ人の枠を超えて、ギリシャ人など異邦人に初めて福音を宣べ伝えるのです。こうして出来上がったのが、シリアのアンティオキア教会です。初めてキリスト者と呼ばれたと言われた、この画期的な教会、おそらくは最初のユダヤ人と異邦人の共存する教会が生まれるのです。

　このアンティオキア教会に、エルサレム教会はバルナバという、聖霊に満ちたすばらしい人物を派遣します。バルナバは、熱心なアンティオキア教会を見て、人手が必要だと感じたのでしょうか。そして、パウロのことを思い出したのでしょうか。タルソスにパウロを捜しに行き、くまなく捜し回って、ようやく見つけたパウロをアンティオキアに連れて行くのです。こうしてパウロは、アンティオキア教会で頭角を現し、宣教活動へと打って出るのです。不思議なことに、パウロが迫害したことで、めぐりめぐって出来上がったアンティオキア教会にパウロは救われたのです。これが神のなさる業なのです。そうは言っても、人間はなかなかこういうことを受け入れられません。プライドなどいろいろなことが邪魔してしまうからです。

　パウロが復活のキリストに出会った時もそうでした。パウロはその時、キリストに圧倒され、キリストの指示に素直に従います。しかし、町に入り、やって来たのはダマスコ教会の責任者アナニアです。パウロが迫害しようとしていた人です。その人の前で頭を下げ、目を開けてもらい、指示してもらわなければいけないのです。パウロがいちばん受け入れにくい状況を神は準備なさるわけです。これが使徒言行録に記されている「神の摂理、神の計らい」です。

その後、聖霊がアンティオキア教会に働いて、バルナバとパウロを選び出して宣教活動に遣わすようにという指示が下ります。こうして、教会の責任者たちが彼らを祝福し、按手をして、宣教へと送り出すのです。これが第一回宣教旅行と言われるものです。これ以降、パウロの宣教活動には、紆余曲折がありますが、常に聖霊に導かれ、神に導かれていることが、そこかしこに記されていきます。「霊に促されて……」、あるいは「霊が禁じられたので、ほかの道を行った」。こういう霊のイニシアチブが、パウロの宣教活動の中でも明確にされていくのです。使徒言行録には、影の主人公、真の主人公がいるのです。それは、ペトロやパウロやそれ以外の人々を通して働く霊であり、キリストなのです。

聖霊の導き

実際、使徒言行録では、教会の宣教活動すべてが、常に神の働きであり、聖霊の導きなのです。教会の宣教活動は、聖霊降臨から始まります。天に上げられる時、イエスは、「聖霊があなた方の上に降るとき、あなた方は力を受けて、エルサレムと全ユダヤとサマリア、また地の果てに至るまで、わたしの証人となるであろう」（使徒言行録1・8）と告げられました。そして、聖霊降臨のとき、霊が舌の形でそれぞれに分かれて降るのです。そうすると、使徒たちは霊を受け、霊に満たされ、霊に促されて、それぞれの国の言葉で語り始めたと記されています。

これは、ルカ福音書からずっと続いて記されていることです。イエスが葬られた後、墓に向かった女性たちがそうです。マタイやマルコでは、神の使いが現れ、女性たちに「これらのことを弟子たちに告げなさい」と命じられます。ルカでは違います。女性たちに「イエスがガリラヤにおられたとき言っておられた言葉を思い出しなさい」と言うのです。女性たちは、自分たちが思い起こすよう命じられていますが、それを伝えるようにとは言われていません。ところが、女性たちはイエスの言葉を思い出すと、まるで突き動かされるようにして、何も命じられていないのに使徒たちのもとに行って、それを証言します。復活の日、エマオに向かう二人の弟子たちもそうです。イエスは二人の弟子たちと道行く中で、ずっと聖書についてひもときながら、ご自分のことについて語られますが、二人はイエスだと分かりません。イエスがパンを裂き、二人の目が開かれ、イエスだと分かったとき、「あの方が道々わたしたちに話しかけ、聖書を説き明かされたとき、わたしたちの心は内で燃えていたではないか」と言って、何も命じられていないのに、時を移さずエルサレムに取って返し、これらのことを証言していくのです。

ルカ福音書、使徒言行録では、イエスの言葉、神の言葉、そして霊は降ることによって、それに関わった人を突き動かし、燃やして、証しへと駆り立てます。聖霊降臨でもそうです。霊が降ることによって彼らは促されて語り始めるのです。このモチーフが最初に登場するのは、ルカ福音書におけるマリアのお告げの場面です。神の言葉がマリアに降ります。そうするとマリアは何も言われていないのに、すぐにエリサベトのもとに行きます。神のお告げの言葉の中にエリサベトのことが含まれていたからです。だから突き動かされてエリサベトのもとへ行き、自分が受けた偉大な業のゆえにエリサベトの前で神を賛美するのです。こういう形で、ルカ福音書、使徒言行録は、霊の促し、導き、働きをモチーフとして使っていくのです。

聖霊が、人々を突き動かしていった例としては、ほかにも、ペトロによって行われた、異邦人の百人隊長コルネリウスとその家族への宣教があります。この話は、ペトロが幻を見たというところから始まります。上の方からテーブルのようなものが下って来て、その上に肉が乗っていて、食べなさいと主が言われるのです。ペトロは、「主よ、そんなことはできません。わたしは、今まで一度も清くないものや、汚れたものを食べたことはありません」と拒否します。ユダヤ人なので、血を抜かない肉は食べてはいけなかったのです。ところが主はペトロに、「神が清めたものを清くないなどと言ってはならない」と言われます。使徒言行録は、異邦人を汚れた肉に重ね合わせています。それほど異邦人への洗礼はユダヤ人にとって乗り越えがたい問題だったということなのでしょう。やはりペトロは、異邦人に洗礼を授けるのに戸惑いがあり、苦慮するのです。そこで神は思わぬ出来事を起こされます。ペトロが洗礼を授ける前に、先に聖霊が降るのです。自分たちに降ったのと同じかたちで聖霊が降ったのをペトロは見て、「この人たちは、わたしたちと同じように、聖霊を受けたのですから、水で洗礼を受けるのを、いったい誰が拒むことができましょうか」と言い、霊の導きに従って、彼らに洗礼を授けるのです。

このことでエルサレム教会は大混乱になり、ペトロをなじり、とんでもないことをしたとして認めませんでした。そこでペトロは、異邦人に聖霊が降った出来事を告げていきます。それでも問題は残り、エルサレム会議につながっていきます。エルサレム会議でも、異邦人に洗礼を授けてよいということは、なかなか認められませんでしたが、ペトロの「人の心を知っておられる神は、わたしたちにお与えになったのと同様に、異邦人にも聖霊をお与えになり、彼らのために証しをなさったのです」（使徒言行録15・8）という言葉が決め手になりました。

ルカ福音書、使徒言行録は、宣教活動、教会の働きを一人ひとりの人間の働きとして捉えてはいません。それは霊の働き、神の働きであり、これが人間を覆って突き動かしていくのです。この霊は、イエス・キリストの霊です。ですから使徒言行録の主役は、ペトロでもパウロでもなく、イエス・キリストなのです。みことばを通して、ご自分の霊を通して福音を宣べ伝え、教会を成長させてくださる。だから教会の成長、広がりのことを使徒言行録はしばしば、「み言葉が成長していく」というふうに表現します。ルカ福音書で記されていることは、人となられたイエス・キリストの働きなのです。天に昇られたイエスは、今度はご自分の霊を教会、使徒たちに注がれることによって、霊としてとどまりながら、これからの宣教活動を成し遂げていかれるのです。

使徒たちによる証し

その一方で、ルカ福音書と使徒言行録はもう一つの要素を強調していきます。それは、使徒たちによる証しと言われるものです。「使徒」という表現は、時代によって変遷していきます。ルカ福音書、使徒言行録では、十二人の使徒以外を「使徒」と呼ぶことはほとんどありません。使徒言行録にとって「使徒」という表現は、イエスから選ばれ、しかも洗礼者ヨハネの活動の時からイエスと生活を共にし、その目でイエスの活動を見、その耳でイエスの教えを聞き、それを自ら証しすることができる者、単に霊の働きによるだけではなく、実際の体験としてそれを証言できる者という意味があるのです。だからこそ、彼らに証しの役割、務めが与えられていくのです。著者は弟子たちに対して、「あなたがたはイエス・キリストの証人となる」と言っています。使徒言行録1章8節にあるように、エルサレムとユダヤ、そしてサマリア、さらには異邦人を意味する地の果てまでというように、だんだんと福音が広がっていくのですが、どの段階においても、福音宣教の扉を開けるのは、必ず使徒たちです。

わたしたちは、パウロが「異邦人の使徒」であるという言い方に慣れています。確かに、使徒言行録で、パウロは異邦人に福音を宣べ伝える者として描かれているのですが、パウロは「使徒」ではないのです。証人としての条件を満たしていないからです。ペトロは「使徒」なので、聖霊降臨の後、ユダヤ人たちに対して語ります。そして、サマリア人に対しては、ペトロとヨハネが派遣されます。サマリア人が受けていたのは洗礼者ヨハネの洗礼だけでした。そこで、ペトロとヨハネがイエス・キリストの名によって洗礼を授けるのです。するとそこに聖霊が降ります。

その後、異邦人であるコルネリウスとその家族たちにも聖霊が降るのですが、彼らに福音を告げ、洗礼を授けるのは、やはりペトロです。ペトロが伝えたということ、異邦人の洗礼に霊の働きが先行したということによって、それまで教会がどうしても乗り越えることのできなかった壁、異邦人が異邦人のままで福音を受け入れ、そして救いにあずかることができるという扉が開かれたのです。このことは、最終的に、使徒たちと長老たちが集まったエルサレム会議で、高らかに宣言されます。「聖霊とわたしたちはこのように決めました」と。「聖霊とわたしたちは」と言うことで、一方で聖霊の働きがあり、一方で人となられたイエスから体験を通して明確な形で伝承をつなぐ証人としての権威を持つ「使徒」の働きが結びつけられています。この二つが合わさって、イエス・キリストの教えが告げられていくということが明らかにされるのです。

異邦人への福音宣教が聖霊と使徒たちの証しの両方によってなされることによって、全世界への扉が開かれました。その後は、誰でもいいというわけではないのですが、十二使徒ではないパウロでもよくなったのです。第一回宣教旅行を除くと、パウロの本格的な宣教活動は、エルサレム会議で公的にそれが認められてから後ということになります。あとはパウロであろうと、パウロに続く者であろうと、わたしたちであろうと、霊の働きがわたしたちを促してなされます。わたしたちが使徒たちの教えにつながっている者として、宣教がなされる限り、宣教活動としての権威を持っているということです。

この流れは、パウロが捕らえられてから後も続きます。パウロはエルサレムで捕らえられ、カイサリア、そしてローマへと護送されていくわけですが、その端々に、霊がそれを促していること、告げていることが明らかにされていきます。

外面的に見れば、パウロはあくまで捕らえられた囚人です。逮捕され、権力者に翻弄され、引きずり回されているのです。最後はローマまで連行され、ローマでも獄中にあるのです。これが表の物語です。

しかし、使徒言行録を読み解いていくとどうなるかというと、ただ人間の権威に振り回されているのではなく、神の計画が成し遂げられているのであり、霊の導きが実現しているのです。「勇気を出しなさい。エルサレムでわたしのことを証ししたように、ローマでも証ししなければならない」（使徒言行録23・11）ということばを、主はパウロに告げます。表面的に見ると、パウロは捕らえられてしまうのであり、使徒言行録の最後の数章は苦しみに満ちたネガティブな物語に思えます。しかし、神のまなざしで見ると、それは神の計画で定められていたことが成し遂げられていき、パウロがそのように引きずり回されるのは、神の計画に従ってエルサレムで人々に証しし、当時の世界の都であるローマに行って、そこでイエス・キリストについて証しするためであるということが浮き彫りにされていくのです。

使徒言行録の真意

使徒言行録の描写の中にいわば二つの物語の流れがあるのです。同じ物語ですが、一つは表面的に現れ出るパウロの受難の物語であり、もう一つは、神がイニシアチブを取って、あらかじめ定めておられたことが着々と成し遂げられ、福音宣教の実りをもたらすという裏の物語です。表の物語からすると、ローマ皇帝の前での裁判とパウロの行く末を書いてくれなければ、わたしたちは納得できないということになります。しかし、裏の物語、つまり使徒言行録が本当に言おうとしていることから考えると、ローマで福音が証しされれば、それで十分なのです。パウロがどうなるかについては、使徒言行録の著者はこだわっていません。著者の関心は、最後に書かれていること、すなわちパウロが獄中にありながらも、裁判を前にしているにもかかわらず、何の不自由もなく何の妨げもなく、自由にすべての人に神の国の福音について証しできているということなのです。だから、それを描き出して使徒言行録は終わるのです。

　現代のキリスト信者であるわたしたちにも問題は山積みです。教会の先行きが不安に見えるかもしれません。しかし、このパウロを見てください。また、ルカ福音書のイエスを見てください。どんなに権力者がその力を行使しているように見えても、実際には神が定めてくださった救いの計画が成し遂げられないことはないのです。イエスの時にも、パウロにおいてもそれが成し遂げられたのです。仮にパウロが無罪放免で釈放されたとしたら、宣教活動を続けて行ったでしょう。おそらく現実には、パウロは死刑の判決を受け、殺されたのだと思われます。しかし、どういう結果になろうと同じなのです。霊は働き続けるからです。霊の働きは決して止むことがありません。それゆえに教会は滅びることがありませんし、神のことばが成し遂げられないことはありえないのです。パウロがエルサレムで捕らえられてからも、ずっと語り続けてきた、力強い宣言、福音の証しこそがそれを示しているのです。

ルカ福音書の冒頭で、著者は、自分がこれからいったい何を書こうとしているのか、どんな目的を持っているのかということを告げています。目的ははっきりしています。著者は、すでに信仰を持っている人たちに対して、受けた信仰が確かなものであると理解してほしいと、二つの書物、ルカ福音書と使徒言行録を記すのです。おそらく信仰を受けた時に比べて、皆の信仰は揺らいでいて、堅固なものではなかったのでしょう。実際にこの頃、教会はいろいろな問題をかかえていきます。教会が抑圧の対象になっていくのです。パウロやペトロが殉教した六〇年代には、ネロ皇帝が自分の利己的な理由からローマの町に火をつけ、ローマにいるキリスト者にその罪を着せ、迫害しました。それは教会にとって大変なことでしたが、ローマ帝国全土にわたる迫害、政治的な方針としての迫害ではありませんでした。だからネロ皇帝が死ねば、すべては過ぎ去るだろうという希望があったのです。ところが、一世紀末になろうとする頃、ローマ帝国全土にわたる大規模な迫害が起き始めます。いったい、教会はどうなってしまうのだろうか、大丈夫なのだろうか、信じることには意味があるのだろうか、本当に信じていいのだろうか、こういう疑問がおそらくどんどん出てきたのでしょう。そういう人たちに対して、ルカ福音書と使徒言行録は告げるのです。彼らの信仰をもう一度確固とした揺るぎないものにするためです。だから、ルカ福音書は冒頭で、この書物は「わたしたちの間で成し遂げられた出来事」、すなわち神がわたしたち教会の中で成し遂げてくださった神秘について語るのだと強調するのです。人間の現実がどのようなものであろうと、神はそのみ心にしたがって、すべてを成し遂げてくださることを、読者がもう一度信じ直すことができるようにです。

それはまた、ルカ福音書の最後で、イエスご自身のことばによって総括されている点です。「『まだ、あなた方と共にいたころに話したとおり、わたしについて、モーセの律法と預言書、そして詩編に書き記されたことは、すべて成就されねばならない』」(ルカ24・44)。「モーセの律法と預言書、そして詩編」とは、当時の「聖書」を表す表現です。永遠の初めから聖書に書き記されてきた、イエスについての神のことば、神の計画は成し遂げられないことはないということ、しかもそれは実際に成し遂げられたということをルカ福音書、使徒言行録は記しているのです。ルカ福音書24章46節で、イエスはこの「わたしについて、モーセの律法と預言書、そして詩編に書き記されたこと」、すなわち「すべて成就されねばならない」ことを次のように述べています。「メシアは苦しみを受け、三日目に死者の中から復活し、その名によって罪の赦しへ導く悔い改めが、エルサレムから始まり、すべての民に宣べ伝えられる」。前半部分は、人となられたイエスを通して実現しました。「メシアは苦しみを受け、三日目に死者の中から復活する」との神のことばは、この時点ですでに成し遂げられたのです。だから、このことを体験したわたしたちは、同じように「その名によって罪の赦しへ導く悔い改めが、エルサレムから始まって、すべての民にまで宣べ伝えられる」との後半部分も、同じように必ず成し遂げられること、成し遂げられないはずがないことを信じることができるのです。そして、それが使徒言行録を通して書かれていくのです。

パウロからわたしたちへ

パウロは、明らかに抑圧され、圧迫され、自由を奪われているにもかかわらず、パウロを通して神のことばは着々と成し遂げられていきます。表面的にはどういうふうに見えたとしてもです。しかし、イエスについて書かれている、必ず成し遂げられなければならない神のことばは、実はまだ完成されていません。今も続いているのです。だからこのメッセージはわたしたちにもつながっていくのです。

今わたしたちは、いろいろな現実の中で、日本の教会はなかなか成長しないと感じているかもしれません。その中にあっても、神の救いの計画はすべて完全な形で成し遂げられていきます。イエスの場合がそうでした。ペトロの場合がそうでした。初代教会がそうでした。パウロの場合がそうでした。ローマにおいてすら、あのひどい状況の中にあってすらそうでした。わたしたちはルカ福音書、使徒言行録に励まされ、どんな状況をも恐れることなく、目に見える表面的なことに惑わされることなく、信仰を固め、揺るぎないものとし、歩んでいくように招かれています。

　このようなルカ福音書、使徒言行録のまなざしで、揺るぎない信仰に満たされ、促されて、わたしたちは現実を見つめているでしょうか。教会を見つめるとき、希望に満ちた未来というより、高齢化、召命の減少、若者、子どもたちが教会に来ない、今後日本の教会はどうなるのだろうかなどと、表面に表れ出る状況にとらわれてはいないでしょうか。ルカ福音書、使徒言行録のメッセージは、まさしく現代的で、今の日本の教会にぴったり当てはまると思いませんか。もう一度この信仰をわたしたちはイエス・キリストのゆえに呼び起こすよう招かれているのです。

　その一つの柱となるものこそが、聖霊の働き、みことばの働き、三位一体の愛の交わり、今もあの時と同じように、神は力強く働いてくださっているということ、そのためにわたしたちに聖霊が注がれたということであり、それを信じることです。わたしたちは聖霊を受け、聖霊に満たされ、聖霊に促されて語り、行動し、生活するのです。ただし、聖霊の働きは目に見えないものであるため、ともすると独りよがりになってしまう危険性があります。だから、使徒言行録が示すもう一つの柱、すなわちイエスの教えを受け取った使徒たちの証し――それは司教たちを通して今の教会にも生き生きと伝わっています——に結ばれていることが大切です。

イエスについて記されている神の救いの計画は、どんなにわたしたちが苦しい状況にあり、問題が山積みの状況にあり、そして私たちの目には先行きがあまり良くないと見えたとしても、必ずそれは成し遂げられます。神のことば、聖霊の力のゆえにです。これがルカ福音書と使徒言行録がわたしたちに訴えていることなのです。それに応えて、わたしたちは生きていきたいと思います。

＊聖書引用箇所は、『聖書　原文校訂による口語訳』（フランシスコ会聖書研究所訳注）によります。

あとがき

京都司教区聖書委員会は、一九八六年から毎年「聖書講座」を開催しています。各教区や修道会からの講師の方々をお招きして、多くの方々のご参加をいただき、神のみことばを通して「イエス・キリスト」を深く知り、出会うための生き生きとした学びを続けています。

今回、聖書講座シリーズ14として、二〇一五年に開催された聖書講座「聖霊に導かれて――使徒言行録を読む」の講話を抜粋して編集し、表題を『使徒言行録を読む――聖霊に導かれて』とし、サンパウロのご尽力によって発行される運びとなりました。

聖書をより深く学びたい方、また学ぶ機会の少ない友人知人の方々にも本書を紹介していただければうれしく思います。

この本が誕生するにあたって、各講師の方々、またテープ起こしや編集にご協力くださった方々に深く感謝申し上げます。

この聖書講座では、毎回の講話を録音してCDにしたものを有償でお分けしています。これは、一度聞いたものをさらに深く味わうため、講座に参加できない方と分かち合うため、あるいはプレゼントとして利用していただくことで福音宣教の一助としていただくためです。お申し込みの方は、左記までファックスまたはEメールでお願いいたします。

なお本書における聖書の引用は、『聖書新共同訳』（日本聖書協会発行）によっています。

京都司教区聖書委員会

〒604―8006　京都市中京区河原町通三条上ル下丸屋町四二三
京都司教区聖書委員会
電話　〇七五―二一一―三〇二五
ファックス　〇七五―二一一―三〇四一
e-mail: seisho@kyoto. catholic. jp

■著者紹介

村上　透磨　　京都府出身
1966 年司祭叙階
京都司教区司祭

中川　博道　　北海道出身
1984 年司祭叙階
カルメル修道会司祭

一場　修　　群馬県出身
2001 年司祭叙階
マリスト会司祭

西　経一　　長崎県出身
1983 年司祭叙階
神言修道会司祭

北村　善朗　　滋賀県出身
1991 年司祭叙階
京都司教区司祭

鈴木　信一　　愛媛県出身
1978 年司祭叙階
聖パウロ修道会司祭

澤田　豊成　　東京都出身
1996 年司祭叙階
聖パウロ修道会司祭

聖書講座シリーズ既刊一覧

聖書委員会では、聖書講座の講話を抜粋し、本にして出版しております。

〔シリーズ 1〕**聖書にみる女性たち**　―救いの歴史における女性の使命―
- マルタとマリア……………………………………沼野 尚美（六甲病院チャプレン）
- 聖母マリアの魅力…………Sr. 渡辺 和子（ナミュール・ノートルダム修道女会）
- イエスの系図における五人の女性……………………北村 善朗神父（京都司教区）
- 聖母マリアとわたしたち…………………………中川 博道神父（カルメル修道会）

定価 1,100 円 + 税　　出版　サンパウロ

〔シリーズ 2〕**御父・御子・聖霊なる神**　―みことばに生かされて―（品切れ）
- ゆるしてくださる神……………………………………大塚 喜直司教（京都司教区）
- 水と霊によって生まれる…………………………中川 博道神父（カルメル修道会）
- イエス・キリストを通して示された神の愛…沼野 尚美（六甲病院チャプレン）
- 聖霊を受けなさい 私は遣わす ……………………幸田 和生司教（東京大司教区）
- 預言者たちの神…………………………………………雨宮 慧神父（東京大司教区）
- 貧しき者の神……………………………………昌川 信雄神父（クラレチアン宣教会）

定価 952 円 + 税　　出版　京都司教区聖書委員会

〔シリーズ 3〕**神から神へ**　―ともに歩んでくださる神―（品切れ）
- 死から生命への旅………………………………………池永 潤大司教（大阪大司教区）
- 太祖物語のはじめと終わり…………………………来住 英俊神父（御受難修道会）
- 神の民……………………………………………………………高山 貞美神父（聖心布教会）
- 闇から光へ―パウロにおける闇と光………………北村 善朗神父（京都司教区）
- 地と天、人と神…………………………………………中川 博道神父（カルメル修道会）

定価 1,200 円 + 税　　出版　サンパウロ

〔シリーズ 4〕**100 匹の羊の群れ**　―福音宣教する共同体―
- 共感・共有し合う仲間…………………………………菊地 功司教（新潟司教区）
- 小さき者の母体なる教会共同体……………………高山 貞美神父（聖心布教会）
- 門の内と外・天と地……………………………………鈴木 信一神父（聖パウロ修道会）
- 受肉・受難・復活の秘義と秘儀………………中川 博道神父（カルメル修道会）
- 三位の神と共に歩む神の民…………………………北村 善朗神父（京都司教区）
- 主の食卓に招かれて…………………………………国井 健宏神父（御受難修道会）

定価 1,200 円 + 税　　出版　サンパウロ

〔シリーズ5〕マルコ福音書を読む　—イエス・キリストの秘密—（品切れ）
- 神の子イエス・キリストの福音の初め……………幸田 和生司教（東京大司教区）
- イエスの言葉を聞く人々と神の国の成長………中川 博道神父（カルメル修道会）
- エルサレムへの道……………………………………………西 経一神父（神言修道会）
- イエスの変容…………………………………………………北村 善朗神父（京都司教区）
- イエスの道の完成—神の国の実現へ……………沼野 尚美（六甲病院チャプレン）
- マルコ福音書における
  メシアの秘密……………………Sr. 小久保 喜以子（ノートルダム教育修道女会）

定価 1,100円＋税　　出版　サンパウロ

〔シリーズ6〕ルカ福音書を読む　—同伴者イエス—（品切れ）
- イエスと共にあること…………………………………鳥巣 義文神父（神言修道会）
- 目覚めて備える—終末に向かって「今」を生きる…北村 善朗神父（京都司教区）
- 旅空のイエス—エルサレムに向かいつつ
  弟子を教育する………中川 博道神父（カルメル修道会）
- 神の憐れみと富…………………Sr. 小久保 喜以子（ノートルダム教育修道女会）
- 最後の日（過越の日）……………………Sr. 伊従 信子（ノートルダム・ド・ヴィ）
- 復活・昇天・新しい共同体の誕生……………鈴木 信一神父（聖パウロ修道会）

定価 1,400円＋税　　出版　サンパウロ

〔シリーズ7〕ヨハネ福音書を読む　—復活の主に出会う—（品切れ）
- イエスによる啓示の最初の日々…………………池長 潤大司教（大阪大司教区）
- サマリアの女との問答…………………………………大塚 喜直司教（京都司教区）
- 過越祭におけるイエス（命のパン）…………中川 博道神父（カルメル修道会）
- わたしはまことのぶどうの木…………………………北村 善朗神父（京都司教区）
- 復活の主イエス…………………………………………英 隆一朗神父（イエズス会）
- 栄光の書（受難・復活）………………………鈴木 信一神父（聖パウロ修道会）

定価 1,400円＋税　　出版　サンパウロ

〔シリーズ8〕今、キリストを証しする　—聖書に学ぶ現代人の生き方—（品切れ）
- 現代社会…………………………………………………大塚 喜直司教（京都司教区）
- 証しする教会共同体…………………………鈴木 信一神父（聖パウロ修道会）
- 秘跡…………………………………………………渡辺 幹夫神父（カルメル修道会）
- 家庭…………………………………………………中川 博道神父（カルメル修道会）
- 信徒…………………………………………Sr. 伊従 信子（ノートルダム・ド・ヴィ）
- 女性…………………………………Sr. 小久保 喜以子（ノートルダム教育修道女会）
- 子供………………………………………………………西 経一神父（神言修道会）

• 司祭・修道者……………………………………………柳田 敏洋神父（イエズス会）
• 障がい・病…………………………………………………奥村 豊神父（京都司教区）
• 老い……………………………………………………北村 善朗神父（京都司教区）
• 死………………………………………………………一場 修神父（マリスト会）
• 希望……………………………………………………村上 透磨神父（京都司教区）

定価 1,500 円+税　　出版：サンパウロ

〔シリーズ 9〕マタイ福音書を読む

—神の国のメッセージ・インマヌエルである神—

• マタイの構造とメッセージ…………………………村上 透磨神父（京都司教区）
• イエスの活動の準備……………………………………北村 善朗神父（京都司教区）
• 山上の説教……………………………………………小野 十益神父（京都司教区）
• この世の不信仰…………………………………中川 博道神父（カルメル修道会）
• 神の国の奥義……………………………………………鳥巣 義文神父（神言修道会）
• 権威についての論争……………………………鈴木 信一神父（聖パウロ修道会）
• 復活と派遣……………………………………………英 隆一朗神父（イエズス会）

定価 1,400 円+税　　出版：サンパウロ

〔シリーズ 10〕キリストの祭司職へ招かれているわたしたち

• キリストの祭司職………………………………………北村 善朗神父（京都司教区）
• 神の民の祭司職…………………………………鈴木 信一神父（聖パウロ修道会）
• 信徒の祭司職……………………………………………奥村 豊神父（京都司教区）
• みことばと祭司職………………………………中川 博道神父（カルメル修道会）
• 共同体と祭司職…………………………………………英 隆一朗神父（イエズス会）
• 神の民を聖化する司祭……………………白浜 満神父（サン・スルピス司祭会）
• 牧者である司祭…………………………………澤田 豊成神父（聖パウロ修道会）

定価 1,400 円+税　　出版：サンパウロ

〔シリーズ 11〕出会いと回心—神に還る—

• アブラハムとヤコブ………………………白浜 満神父（サン・スルピス司祭会）
• モーセ……………………………………………………英 隆一朗神父（イエズス会）
• イザヤとエレミヤ…………………………………………西 経一神父（神言修道会）
• マリアとヨセフ…………………………………………北村 善朗神父（京都司教区）
• ペトロとパウロ…………………………………澤田 豊成神父（聖パウロ修道会）
• マリアとマルタとラザロ………………………鈴木 信一神父（聖パウロ修道会）
• イエス・キリストご自身………………………中川 博道神父（カルメル修道会）

定価 1,400 円+税　　出版：サンパウロ

〔シリーズ 12〕信仰に生きる―典礼暦に沿って―

- 待降節……………………………………………澤田 豊成神父（聖パウロ修道会）
- 主の降誕と公現……………………………………………奥村 豊神父（京都司教区）
- 四旬節……………………………………………鈴木 信一神父（聖パウロ修道会）
- 主の復活……………………………………………北村 善朗神父（京都司教区）
- 聖霊降臨と三位一体……………………………………英 隆一朗神父（イエズス会）
- キリストの聖体……………………………白浜 満神父（サン・スルピス司祭会）
- 王であるキリスト…………………………………………一場 修神父（マリスト会）

定価 1,400 円+税　　出版：サンパウロ

〔シリーズ 13〕パウロの手紙を読む―キリストに捕らえられて―

- パウロという人…………………………………………村上 透磨神父（京都司教区）
- わたしたちは信仰によって義とされた………澤田 豊成神父（聖パウロ修道会）
- だれが、キリストの愛からわたしたちを
  引き離すことができましょう…………………………北村 善朗神父（京都司教区）
- あなたがたはキリストの体である…………………英 隆一朗神父（イエズス会）
- 肉に従ってキリストを知ろうとはしません…………西 経一神父（神言修道会）
- わたしは戦いを立派に戦い抜き、
  決められた道を走りとおした…………………鈴木 信一神父（聖パウロ修道会）

定価 1,200 円+税　　出版：サンパウロ

使徒言行録《しとげんこうろく》を読《よ》む 聖霊《せいれい》に導《みちび》かれて

企画・編集――カトリック京都司教区聖書委員会

発行所――サン パウロ

〒160–0011 東京都新宿区若葉 1–16–12
宣教推進部（版元） (03) 3359–0451
宣教企画編集部 (03) 3357–6498

印刷所――日本ハイコム㈱

2018 年 4 月 25 日 初版発行
2020 年 2 月 7 日 初版 2 刷

ISBN978–4–8056–3909–2 C0316（日キ販）